영어 리딩 학습의 최종 목표는 논픽션 독해력 향상에 있습니다.

학년이 올라갈수록 영어 시험 출제의 비중이 높아지는 논픽션. 우리는 논픽션 리딩을 통해 다양한 분야의 어휘와 지식을 습득하고 문제 해결 능력을 키울 수 있습니다. 또한 생활 속 실용문과 시험 상황의 복잡한 지문을 이해하고 분석하며, 나에게 필요한 정보를 추출하는 연습을 할 수 있습니다. 논픽션 독해력은 비판적 사고와 논리적 사고를 발전시키고, 영어로 표현된 아이디어를 깊이 있게 이해하고 효과적으로 소통하는 언어 능력을 갖출 수 있도록 도와줍니다.

미국교과서는 논픽션 리딩에 가장 적합한 학습 도구입니다.

미국교과서는 과학, 사회과학, 역사, 예술, 문학 등 다양한 주제의 폭넓은 지식과 이해를 제공하며, 사실을 그대로 받아들이는 능력뿐만 아니라 텍스트 너머의 맥락에 대한 비판적 사고와 분석 능력도 함께 배울 수 있도록 구성되어 있습니다. 미국 교과과정 주제의 리딩을 통해 학생들은 현실적인 주제를 탐구하고, 아카데믹한 어휘를 학습하면서 논리적 탐구의 방법을 함께 배울 수 있습니다. 미국교과서는 논픽션 독해력 향상을 위한 최고의 텍스트입니다.

탁월한 논픽션 독해력을 원한다면
미국교과서 READING 시리즈

① 미국교과서의 핵심 주제들을 엄선하여 담은 지문을 읽으며 **독해력**이 향상되고 **배경지식**이 쌓입니다.

② 가지고 있는 지식과 새로운 정보를 연결해 내 것으로 만드는 **통합사고력**을 기를 수 있습니다.

③ 꼼꼼히 읽고 완전히 소화할 수 있도록 하는 수준별 독해 훈련으로 **문제 해결력**이 향상됩니다.

④ 기초 문장 독해에서 추론까지, 학습자의 **수준별로 선택하여 학습**할 수 있도록 난이도를 설계하였습니다.

⑤ 스스로 계획하고 점검하며 실력을 쌓아가는 **자기주도력**이 형성됩니다.

Author Soktae Oh

For over 20 years, he has been developing English educational reference books for people of all ages, from children to adults. Additionally, he has been establishing a strong reputation in the field of teaching English, delivering engaging and enlightening lectures that delve deep into the essence of the language. Presently, he is actively working as a professional author, specializing in English content development.

미국교과서 READING **LEVEL 3** ❶
American Textbook Reading *Second Edition*

Second Published on August 14, 2023
Third Printed on November 15, 2024

First Published on June 19, 2015

Written by Soktae Oh
Editorial Manager Namhui Kim, Seulgi Han
Development Editor Mina Park
Proofreading Ryan P. Lagace, Benjamin Schultz
Design Sanghee Park, Hyeonsook Lee
Typesetting Yeon Design
Illustrations Sunghwan Bae, Jiwon Yang
Recording Studio YR Media
Photo Credit Photos.com, Shutterstcok.com

Published and distributed by Gilbutschool

56, Worldcup-ro 10-gil, Mapo-gu, Seoul, Korea, 121-842
Tel 02-332-0931
Fax 02-322-0586
Homepage www.gilbutschool.co.kr
Publisher Jongwon Lee

ISBN   979-11-6406-544-8 (64740)
          979-11-6406-537-0 (set)
(Gilbutschool code : 30542)

R 미국교과서 리딩 READING

LEVEL 3 ①

길벗스쿨

미국 교과과정 핵심 주제별 배경지식과 어휘를 학습합니다.

과학, 사회, 역사, 수학, 문학, 예술 등 미국 초등 교과과정의 필수 학습 주제를 선별하여 구성한 지문을 읽으며 논픽션 리딩 실력의 기틀을 마련하며 교과 및 배경지식을 습득할 수 있습니다.

꼼꼼하고 정확하게 읽는 정독과 다양한 문제 풀이로 독해력을 높입니다.

영어 시험 상황에서는 논픽션 리딩의 비율이 절대적으로 높으며, 학습자의 사고력에도 논리적인 텍스트 읽기 과정이 매우 중요합니다. 아이들이 습득에서 학습으로, 다독에서 정독으로 나아가는 과정에서 꼼꼼하게 읽고 생각하여 문제를 풀이하는 훈련을 통해 독해력도 함께 향상됩니다.

정확한 내용 이해에 도움을 주는 문법 요소를 학습합니다.

내용 해석에 영향을 미칠 수 있는 지문 속 문법 요소들을 따로 뽑아 학습하도록 했습니다. 문장 규칙까지 정확히 알고 해석해야 맥락을 놓치지 않고 문제에서 요구하는 답을 정확하게 잡아낼 수 있습니다.

Level Up 추론유형으로 상위권 독해 문제에 도전하며 문제 해결력을 높입니다.

내용 이해를 위한 다양한 독해 문제는 물론, 영어 시험 상황에서 오답률이 높은 추론유형을 통해 텍스트 너머의 맥락까지 이해할 수 있도록 합니다. 단순히 정보를 이해하는 것에서 한 단계 나아가 사고력을 요구하는 문제를 풀며, 문제 해결력이 더욱 향상됩니다.

Summary 활동으로 핵심 어휘를 복습하고, 내용 통합 훈련을 하며 통합적 사고력을 기릅니다.

지문 요약 활동으로 글의 구성을 파악하고 단어를 활용하는 능력이 향상될 수 있습니다. 또한 핵심 내용을 정리하는 과정에서 초등 고학년 시기에 더욱 발달하는 통합적 사고력 훈련까지 할 수 있습니다.

자기주도 학습 계획표

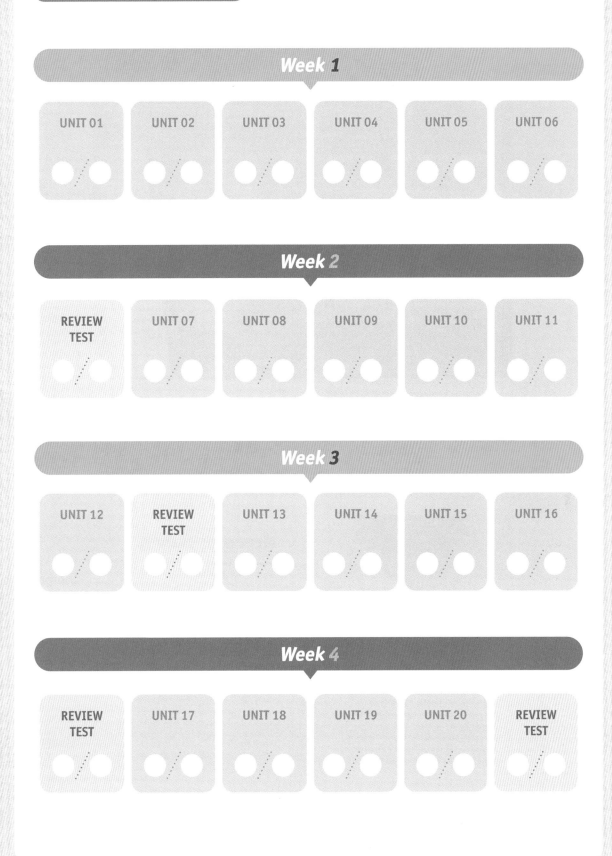

Week 1

| UNIT 01 | UNIT 02 | UNIT 03 | UNIT 04 | UNIT 05 | UNIT 06 |

Week 2

| REVIEW TEST | UNIT 07 | UNIT 08 | UNIT 09 | UNIT 10 | UNIT 11 |

Week 3

| UNIT 12 | REVIEW TEST | UNIT 13 | UNIT 14 | UNIT 15 | UNIT 16 |

Week 4

| REVIEW TEST | UNIT 17 | UNIT 18 | UNIT 19 | UNIT 20 | REVIEW TEST |

이 책의 구성과 학습법

Before Reading

논픽션 주제 관련 단어와 그림을 통해 글의 내용을 예측합니다.

QR코드를 스캔하여 정확한 발음 확인하기

① Check Your Knowledge

문장을 듣고, 이미 알고 있는 내용인지 확인하며 배경지식을 활성화합니다.

③ Reading Focus

글에서 반드시 파악해야 하는 중심 내용을 미리 확인합니다.

② Vocabulary

단어를 듣고, 본책 맨 뒤의 단어리스트를 활용하여 의미를 확인합니다.

Reading

미국교과서 핵심 주제의 논픽션 글을 읽으며 교과 지식과 독해력을 쌓습니다.

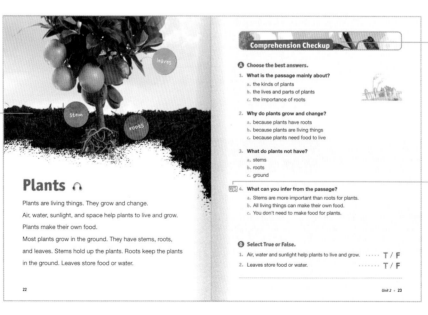

Reading Passage

음원을 들으면서 중심 내용과 세부 내용을 파악하고, 중요 단어의 의미를 떠올립니다.

Comprehension Checkup

글을 올바르게 이해했는지 다양한 문제로 확인합니다.

Level Up

사고력을 요하는 추론 유형으로 상위권 독해 문제를 경험합니다.

단어와 문법 요소를 점검하고,
전체 내용을 요약하며 정리합니다.

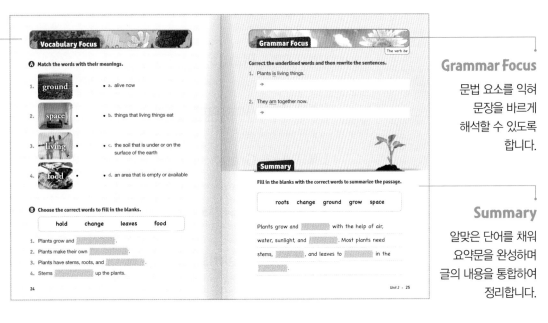

Vocabulary Focus

Ⓐ 영영 풀이로 단어의 의미를 복습합니다.

Ⓑ 문장 단위에서 단어의 의미와 활용을 확인합니다.

Grammar Focus

문법 요소를 익혀 문장을 바르게 해석할 수 있도록 합니다.

Summary

알맞은 단어를 채워 요약문을 완성하며 글의 내용을 통합하여 정리합니다.

Chapter Review

과목별 주요 단어와 문장, 문법을 복습합니다.

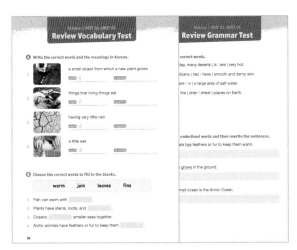

Workbook

배운 단어의 의미를 확인하고, 문장으로 복습합니다.

〈권말 부록〉 단어리스트

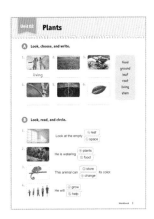

CHAPTER 1

SCIENCE

UNIT 01	The Arctic	14
UNIT 02	Plants	20
UNIT 03	Animals	26
UNIT 04	Grass	32
UNIT 05	Deserts	38
UNIT 06	Oceans	44
Review Test		50

CHAPTER 2

SOCIAL STUDIES

UNIT 07	Families	54
UNIT 08	Homes	60
UNIT 09	Transportation	66
UNIT 10	Communities	72
UNIT 11	Needs and Wants	78
UNIT 12	Jobs	84
Review Test		90

CHAPTER 3

LANGUAGE ARTS & MUSIC

| UNIT 13 | The Goose That Laid the Golden Eggs | 94 |

| UNIT 14 | The Lion and the Mouse | 100 |

| UNIT 15 | Music | 106 |

| UNIT 16 | Folk Music | 112 |

Review Test | 118 |

CHAPTER 4

VISUAL ARTS & MATH

| UNIT 17 | Art and Artists | 122 |

| UNIT 18 | Colors | 128 |

| UNIT 19 | Counting | 134 |

| UNIT 20 | Addition | 140 |

Review Test | 146 |

Workbook & Answer Key | 별책 |

SUBJECT	UNIT	TOPIC	VOCABULARY	GRAMMAR
SCIENCE	01	**Geography**	Arctic, cold, ocean, frozen, animal, feather, fur, hit	The verb *be*
	02	**Plants**	plant, living, grow, change, space, food, ground, stem, root, leaf	The verb *be*
	03	**Animals**	mammal, reptile, amphibian, fish, insect, beak, shell, damp, fin	Subject-verb agreement
	04	**Plants**	spread, pollen, seed, corn, wheat, barley, oats, use, drink	Present simple
	05	**Geography**	desert, dry, hardly, rainfall, huge, sandstorm, Antarctica, snowstorm	Superlative adjectives (the + -est)
	06	**Earth's Water**	area, salt, join, cover, planet, surface	Comparative adjectives (-er)
SOCIAL STUDIES	07	**Families**	share, housework, nuclear family, extended family, consist of, children, include, parents, grandparents, uncle	Subject-verb agreement
	08	**Homes**	shelter, weather, provide, safety, rest, build, keep out, stay, breeze	to-infinitives
	09	**Transportation**	transportation, move, speed, variety, past, ship, plane, varied	Comparative adjectives (more/-er)
	10	**Communities**	community, same, environment, different, urban area, suburb, rural area, around, be made up of, farmland	Articles *a/an*

SUBJECT	UNIT	TOPIC	VOCABULARY	GRAMMAR
SOCIAL STUDIES	11	Economics	needs, clothing, shelter, care, wants, without, fun	Modal verb *can*
	12	Jobs	job, work, washing up, repair, broken, earn, make money, volunteer	Prepositions *with*, *without*
LANGUAGE ARTS	13	Aesop's Fable	nest, goose, egg, shiny, throw away, discover, lay, golden, greedy	Past tense
	14		paw, grab, swallow, disturb, laugh, roar, trouble, remember, promise, gnaw	Past tense negative (didn't + infinitive)
MUSIC	15	Music Around Us	sound, together, play, instrument, listen, express, feel, think	Modal verb *will*
	16	Folk Music	generally, ordinary, professional, musician, future, generation, copy, traditional, folk singer	*every* with singular noun
VISUAL ARTS	17	Art and Artists	clay, draw, art, create, artist, paint, statue, sculptor, imagination	Present simple questions (Do/Does ~?)
	18	Colors	alive, name, feeling, flame, shady, lawn	Preposition *like*
MATH	19	Counting	count, after, always, more, before, less, give away, left	Adverb *away*
	20	Addition	addition, put together, glass, pick, problem, plus, equal, add	Questions with *how*

" There is no substitute for reading;
reading is the key that unlocks the door to knowledge. "
- George Washington Carver

Science

UNIT 01 **The Arctic**

UNIT 02 **Plants**

UNIT 03 **Animals**

UNIT 04 **Grass**

UNIT 05 **Deserts**

UNIT 06 **Oceans**

The Arctic

🎧 Listen and check ☑ what you already know.

① In the Arctic, water freezes in the air. ☐

Reading Focus

- Why is the Arctic always frozen?
- Where is the Arctic?

② The Arctic is one of the coldest places on Earth. □

Vocabulary

- √ Arctic
- √ cold
- √ ocean
- √ frozen
- √ animal
- √ feather
- √ fur
- √ hit

polar bear

white fox

The Arctic 🎧

The Arctic is the area around Earth's North Pole.

The Arctic is one of the coldest places on Earth.

It is an ocean, but it is always frozen.

Arctic animals have feathers or fur to keep them warm.

In the Arctic, what happens if you throw a cup of hot water

in the air? The water freezes before it hits the ground.

Comprehension Checkup

A **Choose the best answers.**

1. **What is the passage mainly about?**

   a. one of the coldest places on Earth

   b. a frozen ocean

   c. feathers and fur

2. **Why is the Arctic always frozen?**

   a. because it is warm

   b. because it is very cold

   c. because it is an ocean

3. **How do Arctic animals keep themselves warm?**

   a. by drinking hot water

   b. with feathers or fur

   c. by hitting the ground

4. **When you throw a cup of hot water in the air in the Arctic, what happens?**

   a. The water freezes before it hits the ground.

   b. The water disappears in the air.

   c. The water hits the ground right away.

B **Select True or False.**

1. Some animals live in the Arctic. ········ T / F

2. The Arctic is around the South Pole. ········ T / F

Vocabulary Focus

A Match the words with their meanings.

1.  •   • **a.** a large sea

2.  •   • **b.** to reach a position etc.

3. animal •   • **c.** having a low temperature

4. hit •   • **d.** a dog, a cat, a tiger, a lion, etc.

B Choose the correct words to fill in the blanks.

coldest	area	frozen	warm

1. The Arctic is always _____ .

2. Arctic animals have feathers or fur to keep them _____ .

3. The Arctic is the _____ around Earth's North Pole.

4. The Arctic is one of the _____ places on Earth.

Grammar Focus

The verb *be*

Choose the correct words.

1. The Arctic (*is* / *are*) one of the coldest places on Earth.

2. It (*am* / *is*) an ocean, but it (*is* / *are*) always frozen.

3. My room (*am* / *is* / *are*) not big enough.

* Check **Answer Key** for further explanation.

Summary

Fill in the blanks with the correct words to summarize the passage.

| fur | coldest | freezes | keep | frozen |

The Arctic is one of the _____ places on Earth.

So Arctic animals _____ themselves warm with

feathers or _____. It is always _____, so

if you throw water in the air, it _____ right away.

Plants

🎧 Listen and check ☑ what you already know.

① Plants are living things. ☐

- What do plants need to live and grow?
- What do most plants have?

② Plants make their own food. ☐

Vocabulary

- ✓ plant
- ✓ living
- ✓ grow
- ✓ change
- ✓ space
- ✓ food
- ✓ ground
- ✓ stem
- ✓ root
- ✓ leaf

leaves

stem

roots

Plants 🎧

Plants are living things. They grow and change.

Air, water, sunlight, and space help plants to live and grow.

Plants make their own food.

Most plants grow in the ground. They have stems, roots, and leaves. Stems hold up the plants. Roots keep the plants in the ground. Leaves store food or water.

Comprehension Checkup

A **Choose the best answers.**

1. **What is the passage mainly about?**

   a. the kinds of plants

   b. the lives and parts of plants

   c. the importance of roots

2. **Why do plants grow and change?**

   a. because plants have roots

   b. because plants are living things

   c. because plants need food to live

3. **What do plants not have?**

   a. stems

   b. roots

   c. ground

LEVEL UP! 4. **What can you infer from the passage?**

   a. Stems are more important than roots for plants.

   b. All living things can make their own food.

   c. You don't need to make food for plants.

B **Select True or False.**

1. Air, water and sunlight help plants to live and grow. ····· T / F

2. Leaves store food or water. ········ T / F

Vocabulary Focus

A **Match the words with their meanings.**

1.  ground •

    • **a.** alive now

2. space •

    • **b.** things that living things eat

3.  living •

    • **c.** the soil that is under or on the surface of the earth

4. food •

    • **d.** an area that is empty or available

B **Choose the correct words to fill in the blanks.**

hold	change	leaves	food

1. Plants grow and _____ .

2. Plants make their own _____ .

3. Plants have stems, roots, and _____ .

4. Stems _____ up the plants.

24

Grammar Focus

Correct the underlined words and then rewrite the sentences.

1. Plants is living things.

   →

2. They am together now.

   →

Summary

Fill in the blanks with the correct words to summarize the passage.

> roots   change   ground   grow   space

Plants grow and _____ with the help of air,

water, sunlight, and _____. Most plants need

stems, _____, and leaves to _____ in the

_____.

Animals

🎧 Listen and check ☑ what you already know.

① Most mammals have hair or fur. ☐

Reading Focus

- What do birds have as body parts?
- How can fish swim?

② Some reptiles have hard shells. ☐

z z z

Vocabulary

✓ mammal

✓ reptile

✓ amphibian

✓ fish

✓ insect

✓ beak

✓ shell

✓ damp

✓ fin

Animals 🎧

There are many kinds of animals. Mammals, birds, reptiles, amphibians, fish, and insects are animals.

Most mammals have hair or fur. Birds have feathers, wings, and beaks. Some reptiles have dry skin or shells.

Most amphibians have smooth and damp skin.

Fish can swim with fins. Insects have three body parts and six legs.

Mammals
lion   whale   pig

Birds
eagle   pigeon   woodpecker

Reptiles
crocodile   snake   turtle

Amphibians
frog   salamander   toad

Fish
mackerel   shark   eel

Insects
bee   ant   butterfly

Comprehension Checkup

A Choose the best answers.

1. **What is the passage mainly about?**

   a. the kinds and features of animals

   b. the food chain

   c. natural enemies

2. **Which animals have beaks?**

   a. amphibians

   b. fish

   c. birds

3. **What can fish swim with?**

   a. fins

   b. fur

   c. shells

LEVEL UP! 4. **What can you infer from the passage?**

   a. Rabbits can belong to mammals.

   b. Reptiles are usually small-sized.

   c. All kinds of animals have many things in common.

B Select True or False.

1. Reptiles can fly with wings. ········· T / F

2. Most mammals have damp skin. ········· T / F

A **Match the words with their meanings.**

1.  damp •

    • **a.** a body part that a fish uses to swim

2.  fin •

    • **b.** the hard pointed mouth of a bird

3. shell •

    • **c.** a little wet

4. beak •

    • **d.** the hard outer part of an animal

B **Choose the correct words to fill in the blanks.**

fins	fur	amphibians	beaks

1. Most _____ have damp skin.

2. Most mammals have _____ .

3. Birds have feathers, wings, and _____ .

4. Fish can swim with _____ .

Grammar Focus

Choose the correct words.

1. Most mammals (*has* / *have*) hair or fur.

2. Insects (*have* / *has*) three body parts and six legs.

3. My friends (*has* / *have*) smartphones, but I don't.

Summary

Fill in the blanks with the correct words to summarize the passage.

> animals   kinds   different   Mammals   reptiles

There are many _____ of animals. _____,

birds, _____, amphibians, fish, and insects are

_____. Animals have _____ and special body

parts to survive.

Grass

🎧 Listen and check ☑ what you already know.

① Grass plants need to spread their pollen and seeds. ☐

Reading Focus

- How are grass plants' pollen and seeds spread?
- Which kinds of grasses are used for food?

② People eat parts of grasses. ☐

Vocabulary

✓ spread

✓ pollen

✓ seed

✓ corn

✓ wheat

✓ barley

✓ oats

✓ use

✓ drink

Grass 🎧

Grass is a type of plant. Grass plants spread their pollen and seeds with the help of the wind.

People have used grasses for a long time. People eat parts of grasses. Corn, wheat, barley, oats, and rice are used for food. They are also used to make various drinks.

corn

barley

wheat

oats

Comprehension Checkup

A Choose the best answers.

1. **What is the passage mainly about?**

a. the life and uses of grass plants for people

b. grass plants used to make drinks

c. how to grow grass plants

2. **How long have people used grasses?**

a. They have used grasses for a short time.

b. They have just started to use grasses.

c. They have used grasses for a long time.

3. **What are corn, wheat, barley, oats, and rice?**

a. They are grass plants that we cannot eat.

b. They are types of drinks.

c. They are types of grasses that we can eat.

LEVEL UP! **4.** **What can you infer from the passage?**

a. It's dangerous to eat grass seeds.

b. Corn is mainly used to make drinks.

c. People have tried to find various ways to eat grass plants.

B Select True or False.

1. Grass plants spread their seeds themselves. · · · · · · · · T / F

2. People eat all kinds of plants. · · · · · · · · T / F

Vocabulary Focus

A Match the words with their meanings.

1. corn

   a. to place something across a large area

2. spread

   b. a powder that flowers produce

3. pollen

   c. a tall plant with large yellow seeds

4. seed

   d. a small object from which a new plant grows

B Choose the correct words to fill in the blanks.

| drinks | used | plant | parts |

1. Grass is a type of _____.

2. Plants are also used to make various _____.

3. People eat _____ of grasses.

4. Corn, wheat, and barely are _____ for food.

Grammar Focus

Choose the correct words.

1. Grass (*is* / *was*) a type of plant.

2. People (*eating* / *eat*) parts of grasses.

3. I (*wake* / *waking*) up at seven every morning.

Summary

Fill in the blanks with the correct words to summarize the passage.

| seeds | plant | food | wind | grasses |

Grass is a  that spreads its pollen and

_____ through the _____ . Some grasses are

used as _____ . People eat parts of _____ .

Deserts

🎧 Listen and check ☑ what you already know.

① Deserts hardly have any rainfall. ☐

Reading Focus

- What are deserts?
- What is the weather like in deserts?

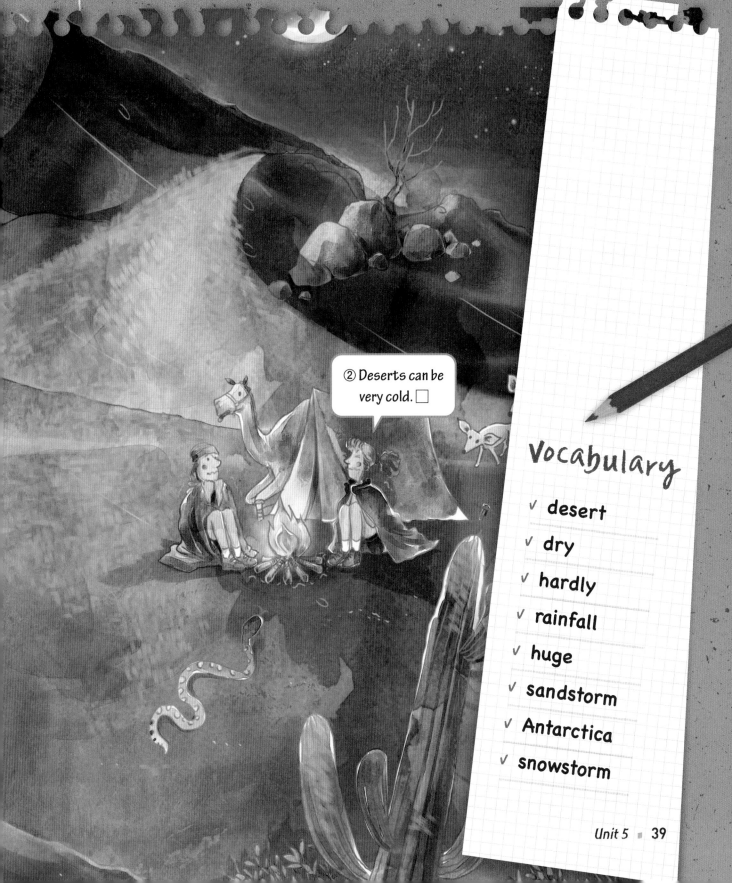

② Deserts can be very cold. ☐

Vocabulary

- ✓ desert
- ✓ dry
- ✓ hardly
- ✓ rainfall
- ✓ huge
- ✓ sandstorm
- ✓ Antarctica
- ✓ snowstorm

Deserts

Deserts are the driest places on Earth. They hardly have any rainfall. But they often have huge sandstorms.

Many deserts are hot, but they can also be very cold places, such as Antarctica. You can even see huge snowstorms in these cold desert places. During the day, many deserts are very hot. At night, they can get very cold.

desert in daytime

desert at night

Comprehension Checkup

A Choose the best answers.

1. **What is the passage mainly about?**

   a. what deserts are like

   b. how dangerous sandstorms are

   c. how hot deserts are

2. **Why are deserts dry?**

   a. because the weather changes fast

   b. because it rains very little

   c. because storms come too often

3. **Which is true about deserts?**

   a. All deserts are always hot.

   b. All deserts are always cold.

   c. Many deserts are hot, but they can also be very cold places.

4. **What do deserts often have?**

   a. huge sandstorms

   b. rainstorms

   c. lots of plants

B Select True or False.

1. It rains hard in deserts. · · · · · · · T / F

2. We can see huge sandstorms in deserts. · · · · · · · T / F

Vocabulary Focus

A **Match the words with their meanings.**

1.  dry •   • **a.** very large

2. rainfall •   • **b.** an amount of rain

3. snowstorm •   • **c.** having very little rain

4. huge •   • **d.** a storm with strong winds and a lot of snow

B **Choose the correct words to fill in the blanks.**

| rainfall | hot | driest | cold |

1. Deserts are the _____ places on Earth.

2. Deserts hardly have any _____ .

3. Many deserts are hot, but they can also be very _____ places.

4. During the day, many deserts are very _____ .

42

Grammar Focus

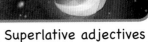

Change the sentences like the example.

> **e.g.** I am <u>fast</u>. → I am <u>the fastest</u>.

1. Deserts are <u>dry</u> places on Earth.

   →

2. He is a <u>tall</u> boy in my class.

   →

Summary

Fill in the blanks with the correct words to summarize the passage.

> night   rainfall   driest   Earth   hot

Deserts are the _____ places on _____.

They have very small _____. During the day,

many deserts are very _____. At _____,

they can get very cold.

Oceans

🎧 Listen and check ☑ what you already know.

① Oceans cover more than 70% of our planet. ☐

② Ocean water is salty. ☐

Vocabulary

√ area

√ salt

√ join

√ cover

√ planet

√ surface

Oceans 🎧

An ocean is a large area of salt water. Oceans are very big, and they join smaller seas together. All the oceans are joined. Oceans cover more than 70% of our planet. The largest ocean is the Pacific Ocean. It covers about one-third(1/3) of Earth's surface. The smallest ocean is the Arctic Ocean.

Comprehension Checkup

A Choose the best answers.

1. **What is the passage mainly about?**

    a. how oceans were made

    b. locations of oceans on Earth

    c. the features and sizes of oceans

2. **What is true about an ocean?**

    a. An ocean is a small area of salt water.

    b. An ocean is a large area of salt water.

    c. An ocean is a small area of fresh water.

3. **How much of our planet do oceans cover?**

    a. less than 30%

    b. more than 70%

    c. 100%

LEVEL UP! 4. **What can you infer from the passage?**

    a. Dry land covers less than 30% of our planet.

    b. Oceans are bigger than seas.

    c. The Pacific Ocean is twice bigger than the Arctic Ocean.

B Select True or False.

1. The Arctic Ocean is the smallest ocean. · · · · · · · · T / F

2. The Pacific Ocean covers two-third(2/3) of Earth's · · · · T / F
    surface.

Vocabulary Focus

A Match the words with their meanings.

1. **join** • • **a.** to extend over

2. **cover** • • **b.** to connect things together

3. **surface** • • **c.** the top layer of something

4. **planet** • • **d.** a very large round object in space

B Choose the correct words to fill in the blanks.

join	smallest	salt	cover

1. An ocean is a large area of ⬚⬚⬚⬚⬚ water.

2. Oceans ⬚⬚⬚⬚⬚ smaller seas together.

3. Oceans ⬚⬚⬚⬚⬚ more than 70% of our planet.

4. The ⬚⬚⬚⬚⬚ ocean is the Arctic Ocean.

Grammar Focus

Change the sentences like the example.

e.g. It is long. ➜ It is longer.

1. They join small seas together.

   ➜

2. I want to be smart.

   ➜

Summary

Fill in the blanks with the correct words to summarize the passage.

planet   salt   largest   smallest   seas

Oceans have _____ water. Oceans join smaller

_____ together. Oceans cover over 70% of

our _____ . The Pacific Ocean is the _____

ocean, and the Arctic Ocean is the _____ one.

Review Vocabulary Test

A Write the correct words and the meanings in Korean.

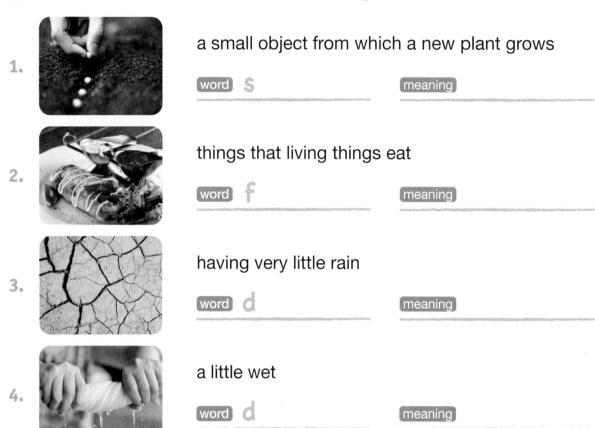

1. a small object from which a new plant grows

   word s _____   meaning _____

2. things that living things eat

   word f _____   meaning _____

3. having very little rain

   word d _____   meaning _____

4. a little wet

   word d _____   meaning _____

B Choose the correct words to fill in the blanks.

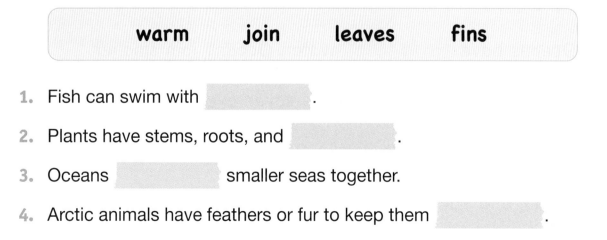

| warm | join | leaves | fins |

1. Fish can swim with _____ .

2. Plants have stems, roots, and _____ .

3. Oceans _____ smaller seas together.

4. Arctic animals have feathers or fur to keep them _____ .

C Complete the crossword puzzle.

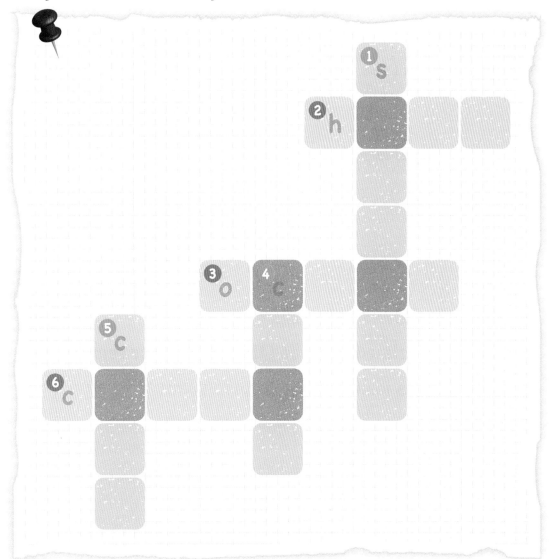

Across

2 very large

3 a large sea

6 to extend over

Down

1 the top layer of something

4 a tall plant with large yellow seeds

5 having a low temperature

Review Grammar Test

Ⓐ Choose the correct words.

1. During the day, many deserts (*is* / *are*) very hot.

2. Most amphibians (*has* / *have*) smooth and damp skin.

3. An ocean (*are* / *is*) a large area of salt water.

4. Deserts are the (*drier* / *driest*) places on Earth.

Ⓑ Correct the underlined words and then rewrite the sentences.

1. Arctic animals <u>has</u> feathers or fur to keep them warm.

   →

2. Most plants <u>grows</u> in the ground.

   →

3. The <u>most small</u> ocean is the Arctic Ocean.

   →

Social Studies

UNIT 07 Families

UNIT 08 Homes

UNIT 09 Transportation

UNIT 10 Communities

UNIT 11 Needs and Wants

UNIT 12 Jobs

Families

🎧 Listen and check ☑ what you already know.

① A family shares housework. ☐

Reading Focus

- Who belongs to a nuclear family?
- Who belongs to an extended family?

② There are nuclear families and extended families. ☐

Vocabulary

- ✓ share
- ✓ housework
- ✓ nuclear family
- ✓ extended family
- ✓ consist of
- ✓ children
- ✓ include
- ✓ parents
- ✓ grandparents
- ✓ uncle

Families 🎧

In families, we share housework and take care of one another. There are two types of families: nuclear families and extended families. A nuclear family consists of a father, a mother, and one or more children. An extended family includes more than just parents and children. It includes grandparents, uncles, and so on.

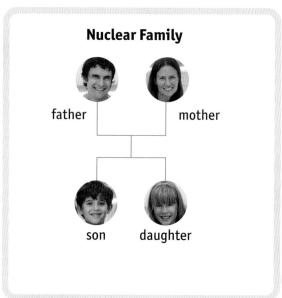

Nuclear Family

father — mother

son — daughter

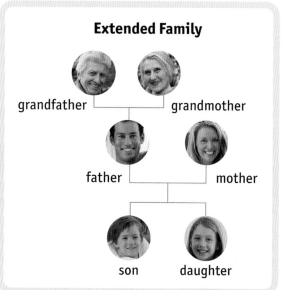

Extended Family

grandfather — grandmother

father — mother

son — daughter

Comprehension Checkup

A Choose the best answers.

1. **What is the passage mainly about?**

    a. types of families

    b. the happiness of families

    c. ways of taking care of family members

2. **What do we do in families?**

    a. We take care of other families.

    b. We do housework together.

    c. We always live with our grandparents.

3. **Who are the nuclear family members?**

    a. grandparents

    b. teachers

    c. parents

4. **Who is not in an extended family?**

    a. a mother

    b. a friend

    c. a child

B Select True or False.

1. People take care of one another in families. ········· T / F

2. A nuclear family has a father, a mother, and children. ···· T / F

A **Match the words with their meanings.**

1. housework •

• **a.** washing, cleaning, etc.

2. consist of •

• **b.** the parents of your father or mother

3. grand parents •

• **c.** to have or use something with other people

4. share •

• **d.** to be formed from

B **Choose the correct words to fill in the blanks.**

| children | uncles | share | care |

1. Family members _____ housework.

2. In families, we take _____ of one another.

3. A nuclear family consists of a father, a mother, and _____.

4. An extended family includes parents, children, grandparents, _____, and so on.

Grammar Focus

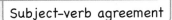

Choose the correct words.

1. An extended family (*includes* / *include*) more than just parents and children. It includes grandparents, uncles, and so on.

2. A nuclear family (*consists* / *consist*) of a father, a mother, and one or more children.

3. A cup of water (*freeze* / *freezes*) in the freezer.

Summary

Fill in the blanks with the correct words to summarize the passage.

> children   consists   share   care   Grandparents

In families, we _____ housework and take

_____ of one another. A nuclear family _____

of a father, a mother, and _____ . _____

are in an extended family.

UNIT 08

Social Studies

Homes

🎧 Listen and check ☑ what you already know.

① Shelters provide safety. ☐

Reading Focus

- What do shelters provide?
- What do houses keep out in cold and hot lands?

② Houses are different according to the weather. ☐

Vocabulary

- ✓ shelter
- ✓ weather
- ✓ provide
- ✓ safety
- ✓ rest
- ✓ build
- ✓ keep out
- ✓ stay
- ✓ breeze

Homes 🎧

All people need homes to shelter themselves from the weather. Shelters also provide safety and places to rest in.

In cold lands, houses are built to keep out the wind and snow. They help people stay warm in winter.

In hot lands, houses are built to keep out the sun and let in breezes.

a house in a cold land

a house in a hot land

Comprehension Checkup

Ⓐ Choose the best answers.

1. **What is the passage mainly about?**

   a. why people need homes

   b. when homes started to exist

   c. how people build houses

2. **In cold lands, what do houses keep out?**

   a. the wind and snow

   b. the sun and breezes

   c. the wind and rain

3. **In hot lands, why are houses built?**

   a. to stay warm

   b. to keep out snow

   c. to let in breezes

LEVEL UP! 4. **What can you infer from the passage?**

   a. Houses in hot lands are built to keep out the cold.

   b. There are more shelters in hot lands than in cold lands.

   c. Weather is an important factor when building houses.

Ⓑ Select True or False.

1. Homes shelter people from the weather. ········ T / F

2. In cold lands, houses are built to keep out the sun. ···· T / F

Vocabulary Focus

A Match the words with their meanings.

1.  shelter •

   • **a.** to give someone something that they need

2.  provide •

   • **b.** the state of being safe from danger

3.  safety •

   • **c.** to stop working and relax

4. rest •

   • **d.** to protect someone or something

B Choose the correct words to fill in the blanks.

> provide   weather   warm   snow

1. All people need homes to shelter themselves from the _____.

2. Shelters _____ safety and places to rest in.

3. In cold lands, houses are built to keep out the wind and _____.

4. Houses help people stay _____ in winter.

Grammar Focus

Choose the correct words.

1. All people need homes to (*shelter* / *shelters*) themselves.

2. In cold lands, houses are built to (*keeps* / *keep*) out the wind and snow.

3. I went to the market to (*buys* / *buy*) some fruit.

Summary

Fill in the blanks with the correct words to summarize the passage.

> hot   shelter   warm   breezes   sun

Homes _____ people from the weather.

In cold lands, houses keep out the wind and snow to

keep people _____ . In _____ lands, they

are built to keep out the _____ and to let in

_____ .

Transportation

🎧 Listen and check ☑ what you already know.

① Transportation moves people or things. ☐

② There are many kinds of transportation. ☐

Reading Focus

- Why is transportation important?
- How have ships and planes changed?

Vocabulary

- √ transportation
- √ move
- √ speed
- √ variety
- √ past
- √ ship
- √ plane
- √ varied

Transportation 🎧

Transportation moves people or things from one place to another. Buses and trains are kinds of transportation. Transportation needs are always changing. The speed and variety of transportation are more important than they were in the past. Ships and planes have changed. Ships are faster than they were. Planes are more varied in shapes and sizes.

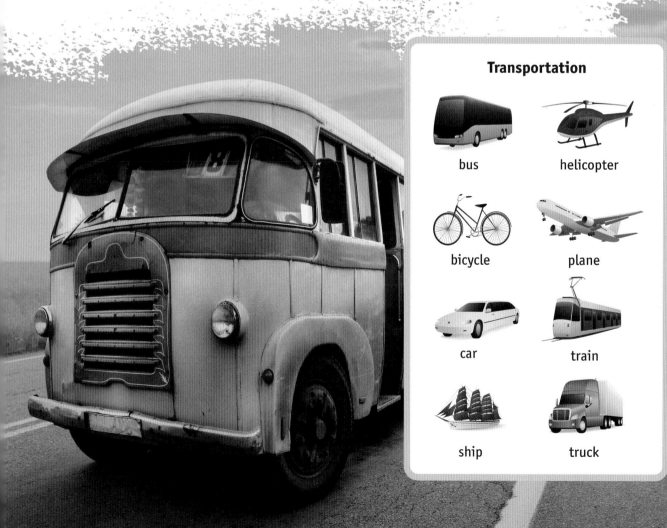

Transportation

bus

helicopter

bicycle

plane

car

train

ship

truck

Comprehension Checkup

A Choose the best answers.

1. **What is the passage mainly about?**

   a. what transportation is and how it has changed

   b. importance of transportation

   c. bad influence of transportation

2. **What does transportation do for people?**

   a. Transportation makes food for people.

   b. Transportation helps people to do housework.

   c. Transportation moves people from one place to another.

3. **Which is true about transportation these days?**

   a. It doesn't move people from one place to another.

   b. Its needs are always changing.

   c. Its needs never change.

4. **How have ships changed?**

   a. They are smaller than they were.

   b. They are faster than they were.

   c. They are less important than they were.

B Select True or False.

1. Trains are a type of transportation. · · · · · · · · T / F

2. Planes are less varied in shapes and sizes than they were in the past. · · · · · · · · T / F

A **Match the words with their meanings.**

1. move • • a. the quality of being fast

2. variety • • b. to take something or someone from one place to another

3. plane • • c. many different forms or types

4. speed • • d. a vehicle that flies in the air

B **Choose the correct words to fill in the blanks.**

varied	changing	moves	trains

1. Transportation _____ people from one place to another.

2. Buses and _____ are kinds of transportation.

3. Transportation needs are always _____ .

4. Planes are more _____ in shapes and sizes.

Grammar Focus

Change the words like the examples.

e.g. old – older   careful – more careful

1. important   →

4. short   →

2. varied   →

5. beautiful   →

3. tall   →

6. smart   →

Summary

Fill in the blanks with the correct words to summarize the passage.

changing   important   variety   place   moves

Transportation _____ people or things from

one _____ to another. Transportation needs are

_____. Speed and _____ are more

_____ now.

Communities

🎧 Listen and check ☑ what you already know.

① People live in communities. ☐

Reading Focus

- What is an urban area?
- What are rural areas mostly made up of?

② In communities, people share the same environment. ☐

Vocabulary

- ✓ community
- ✓ same
- ✓ environment
- ✓ different
- ✓ urban area
- ✓ suburb
- ✓ rural area
- ✓ around
- ✓ be made up of
- ✓ farmland

rural areas

suburbs

urban areas

city

Communities 🎧

People live in communities. A community is a place where people share the same environment.

There are different kinds of communities: urban areas, suburbs, and rural areas. An urban area is a city and the places around it. A suburb is a community that is near an urban area. Rural areas are mostly made up of farmland.

Comprehension Checkup

A Choose the best answers.

1. **What is the passage mainly about?**

   a. places in an urban area

   b. the beauty of environments

   c. communities and their environments

2. **Where does a city belong to?**

   a. an urban area

   b. a suburb

   c. a rural area

3. **What is a suburb?**

   a. a big city

   b. a community that is near an urban area

   c. a community that is in a rural area

4. **Where can you find farmland?**

   a. in an urban area

   b. in a rural area

   c. in a suburb

B Select True or False.

1. In a community, people share different environments. · · · · T / F

2. The communities near a city are urban areas. · · · · · · · · T / F

Vocabulary Focus

A Match the words with their meanings.

1.  same •

   • **a.** the land, water, and air where people, animals, and plants live

2.  environment •

   • **b.** not the same

3.  different •

   • **c.** equal in size, shape, value, or importance

4. around •

   • **d.** on all sides of something

B Choose the correct words to fill in the blanks.

> around   share   suburb   communities

1. People live in _____.

2. A community is a place where people _____ the same environment.

3. An urban area is a city and the places _____ it.

4. A _____ is a community that is near an urban area.

Correct the underlined words and then rewrite the sentences.

1. <u>An</u> community is <u>an</u> place where people share the same environment.

   →

2. <u>A</u> urban area is <u>an</u> city and the places around it.

   →

3. <u>An</u> suburb is <u>an</u> community that is near <u>a</u> urban area.

   →

Summary

Fill in the blanks with the correct words to summarize the passage.

| urban | rural | suburbs | share | environment |

A community is a place where people _____ the same _____ . There are three different kinds of communities: _____ areas, _____ , and _____ areas.

Needs and Wants

🎧 Listen and check ☑ what you already know.

① Without food and clothing, we couldn't live. ☐

Reading Focus

- What do you think people need?
- What is a want?

② Needs and wants are different. ☐

Vocabulary

- ✓ needs
- ✓ clothing
- ✓ shelter
- ✓ care
- ✓ wants
- ✓ without
- ✓ fun

Needs and Wants 🎧

Needs are things we must have to live. People need food, water, clothing, and shelter. People also need love and care. Wants are things we would like to have but can live without. You would like to have a new toy, but you can live without it. You can find something else for fun. That thing is a want.

Needs

food

clothing

love

Wants

toys

books

music

80

Comprehension Checkup

Ⓐ Choose the best answers.

1. **What is the passage mainly about?**

   a. things we need to live

   b. the difference between needs and wants

   c. needs and wants for eating

2. **What do we need to live?**

   a. pictures

   b. water

   c. games

3. **There are things we would like to have but can live without. What are they?**

   a. They are needs.

   b. They are wants.

   c. They are clothing.

4. **Which of the following is a want?**

   a. clothing

   b. food

   c. a car

Ⓑ Select True or False.

1. We cannot live without what we need. · · · · · · · · T / F

2. We cannot live without what we want to have. · · · · · · · · T / F

Vocabulary Focus

A Match the words with their meanings.

1.  clothing •   • **a.** a place to live

2.  shelter •   • **b.** not having something

3.  care •   • **c.** the clothes that people wear

4. without •   • **d.** the act of looking after someone

B Choose the correct words to fill in the blanks.

care	clothing	Wants	Needs

1. _____ are things we must have to live.

2. People need food, water, _____, and shelter.

3. People need love and _____.

4. _____ are things we would like to have but can live without.

Grammar Focus

Choose the correct words.

1. Wants are things we would like to have but can (*lives* / *live*) without.

2. You can (*find* / *finds*) something else for fun.

3. I can (*help* / *helped*) you.

Summary

Fill in the blanks with the correct words to summarize the passage.

> needs   Wants   have   without   Food

Needs are things we must _____ to live.

_____, water, clothing, shelter, love, and care are

_____. _____ are things we would like to

have but can live _____.

Jobs

🎧 Listen and check ☑ what you already know.

① Some people work without earning money. ☐

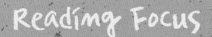

Reading Focus

- What is your job at home?
- Who are volunteers?

② A job is work that people do to earn money. □

Vocabulary

- ✓ job
- ✓ work
- ✓ washing up
- ✓ repair
- ✓ broken
- ✓ earn
- ✓ money
- ✓ volunteer

Jobs 🎧

A job is work that a person needs to do: washing up,

repairing things that are broken, etc.

A job is also work that a person does to earn money.

With the money, people buy things they need or want.

Some people work without earning money.

They are called volunteers.

Various Jobs

homemaker

students

carpenter

doctor

police officer

teacher

Comprehension Checkup

A Choose the best answers.

1. **What is the passage mainly about?**

   a. meanings of a job

   b. how to be a volunteer

   c. ways to earn money

2. **Which belongs to a job?**

   a. eating

   b. sleeping

   c. repairing things

3. **Who are volunteers?**

   a. people who earn money

   b. people who buy things

   c. people who work without earning money

LEVEL UP! 4. **What can you infer from the passage?**

   a. Volunteers usually don't need money.

   b. People need to work to buy some food.

   c. You cannot earn money by repairing things.

B Select True or False.

1. Washing dishes is a job. · · · · · · · T / F

2. Everyone works to earn money. · · · · · · · T / F

Vocabulary Focus

A Match the words with their meanings.

1.  washing up •

• **a.** to fix something that is broken

2.  repair •

• **b.** someone who does a job without being paid

3.  earn •

• **c.** the washing of plates, dishes, etc.

4.  volunteer •

• **d.** to make money

B Choose the correct words to fill in the blanks.

job	work	buy	earn

1. A _____ is work that a person needs to do.

2. A job is also work that a person does to _____ money.

3. With the money, people _____ things they need or want.

4. Some people _____ without earning money.

Grammar Focus

Choose the correct words.

1. (*Without* / *With*) the money, people buy things they need or want.

2. Volunteers work (*without* / *with*) earning money.

3. We can't live (*with* / *without*) water.

Summary

Fill in the blanks with the correct words to summarize the passage.

> earn   volunteers   money   needs   work

A job is work that a person _____ to do or does

to _____ money. Some people _____ without

earning _____. They are _____.

Review Vocabulary Test

A Write the correct words and the meanings in Korean.

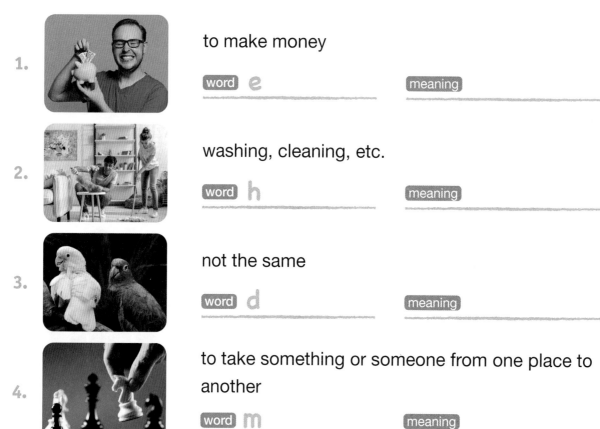

1. to make money

   word e _____   meaning _____

2. washing, cleaning, etc.

   word h _____   meaning _____

3. not the same

   word d _____   meaning _____

4. to take something or someone from one place to another

   word m _____   meaning _____

B Choose the correct words to fill in the blanks.

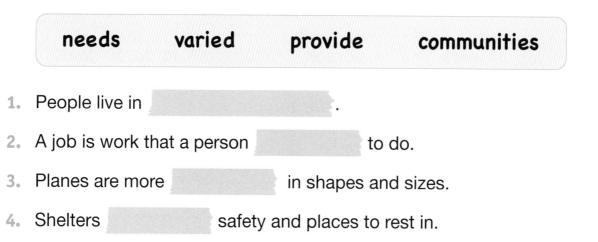

| needs | varied | provide | communities |

1. People live in _____.

2. A job is work that a person _____ to do.

3. Planes are more _____ in shapes and sizes.

4. Shelters _____ safety and places to rest in.

C **Complete the words and answer the question.**

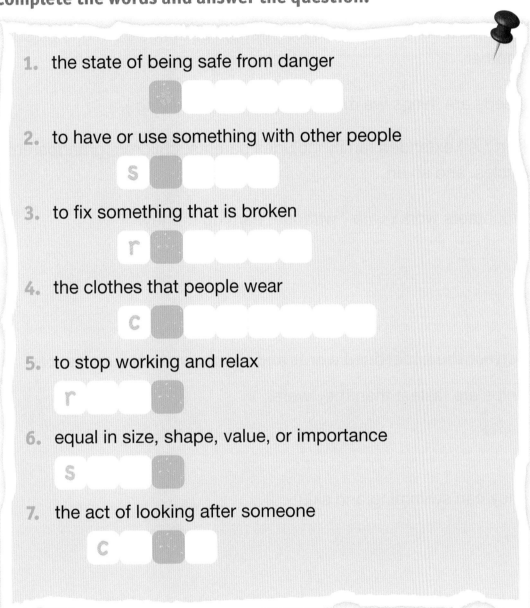

1. the state of being safe from danger

2. to have or use something with other people
   s

3. to fix something that is broken
   r

4. the clothes that people wear
   c

5. to stop working and relax
   r

6. equal in size, shape, value, or importance
   s

7. the act of looking after someone
   c

What is the word in the colored boxes?

Review Grammar Test

A Choose the correct words.

1. Transportation (*move* / *moves*) people or things from one place to another.

2. Needs are things we must have (*to live* / *to living*).

3. (*An* / *A*) extended family includes parents, children, grandparents, uncles, and so on.

4. Volunteers work (*with* / *without*) earning money.

B Correct the underlined words and then rewrite the sentences.

1. Ships are <u>fastest</u> than they were.

    →

2. They can <u>swimming</u> and ski.

    →

3. Speed is <u>important</u> than it was in the past.

    →

Language Arts & Music

UNIT 13   The Goose That Laid the Golden Eggs

UNIT 14   The Lion and the Mouse

UNIT 15   Music

UNIT 16   Folk Music

The Goose That Laid the Golden Eggs

🎧 Listen and check ☑ what you already know.

① The goose laid golden eggs. ☐

Reading Focus

- At first, what did the farmer almost do with the shiny egg?
- Why did the farmer kill the goose?

② As the farmer grew rich, he grew greedy. ☐

Vocabulary

√ nest

√ goose

√ egg

√ shiny

√ throw away

√ discover

√ lay

√ golden

√ greedy

The Goose That Laid the Golden Eggs 🎧

Once, a farmer went to the nest of his goose and found an egg. It was yellow and shiny. It was heavy. He almost threw it away but changed his mind. He took it into his house. There, he discovered that it was an egg of gold!

He sold the egg for a lot of money. Every morning, the goose laid another golden egg. The farmer soon became rich by selling the eggs.

As he grew rich, he grew greedy. 'Why should I have to wait to get only one egg a day?' he thought. 'I will cut open the goose and take all the eggs out of her at once.' So he killed the goose and cut her open, only to find nothing.

Comprehension Checkup

A Choose the best answers.

1. **What is the story mainly about?**

   a. eggs in a nest

   b. the result of growing greedy

   c. how to cut a goose open

2. **What did the farmer do with the shiny egg?**

   a. He threw it away.

   b. He changed it into a golden egg.

   c. He took it into his house.

3. **What did the farmer find after cutting the goose open?**

   a. nothing

   b. a lot of golden eggs

   c. a lot of money

LEVEL UP! 4. **What is the lesson of the story?**

   a. Walls have ears.

   b. Greed has no limits.

   c. Practice makes perfect.

B Select True or False.

1. The farmer wanted to sell the goose. ⋯⋯⋯ T / F

2. The farmer became rich after cutting the goose open. ⋯ T / F

Vocabulary Focus

A Match the words with their meanings.

1.
nest

   a. to find out something surprising

2.
discover

   b. a place where an animal lays its eggs

3.
lay

   c. to get rid of something

4.
throw away

   d. to make eggs come out of a body

B Choose the correct words to fill in the blanks.

golden   egg   greedy   goose

1. Once, a farmer went to the nest of his _____ .

2. The farmer changed his mind and took the _____ into his house.

3. Every morning, the goose laid another _____ egg.

4. As the farmer grew rich, he grew _____ .

Grammar Focus

Change the words into the past forms.

1. sell   →   4. find   →

2. change   →   5. kill   →

3. take   →   6. discover   →

Summary

Fill in the blanks with the correct words to summarize the story.

> rich   find   nest   laid   greedy

Once, a farmer found a golden egg from the [_____]

of his goose. The goose [_____] a golden egg every

morning, and the farmer became [_____] by selling

them. He grew [_____]. He cut the goose open to

get all the golden eggs at once. But he couldn't

[_____] any eggs there.

The Lion and the Mouse

🎧 Listen and check ☑ what you already know.

① The little mouse woke the lion! ☐

Reading Focus

- Why did the mouse wake the lion?
- What did the mouse do to help the lion?

② The mouse kept his promise to help the lion. ☐

Vocabulary

- √ paw
- √ grab
- √ swallow
- √ disturb
- √ laugh
- √ roar
- √ trouble
- √ remember
- √ promise
- √ gnaw

The Lion and the Mouse 🎧

One day, a little mouse ran across the paws of a big, sleeping lion. This woke the lion. The lion was very angry, and he grabbed the mouse in his big paw. He was just about to swallow him when the mouse cried out, "I didn't mean to disturb you. If you let me go, I will help you someday."

The lion laughed a big laugh and let the mouse go.

Not long after, the mouse was running around when he heard a great roar nearby. He went closer to see what the trouble was. The lion was caught in a hunter's net!

The mouse remembered his promise to the lion. He began gnawing the ropes of the net. Finally, the lion could get free.

Comprehension Checkup

A Choose the best answers.

1. **What is the story mainly about?**

   a. returning a favor

   b. telling a lie

   c. getting rich

2. **Why was the lion angry at the mouse?**

   a. because the mouse woke the sleeping lion

   b. because the mouse did not keep his promise

   c. because the mouse tried to swallow the lion

3. **What did the mouse do for the lion?**

   a. The mouse helped the lion roar.

   b. The mouse helped the lion remember his promise.

   c. The mouse helped the lion get free of a hunter's net.

4. **What is the lesson of the story?**

   a. Keep your promises.

   b. Little things cannot be helpful.

   c. Don't touch a sleeping lion.

B Select True or False.

1. The mouse ran to wake the lion. · · · · · · · · T / F

2. The lion gnawed the ropes of the net. · · · · · · · · T / F

Vocabulary Focus

A Match the words with their meanings.

1.  paw

   a. a loud sound made by a wild animal

2.  roar

   b. to take hold of someone or something

3.  gnaw

   c. to keep biting something hard

4.  grab

   d. an animal's foot that has nails

B Choose the correct words to fill in the blanks.

promise	disturb	swallow	sleeping

1. One day, a little mouse ran across the paws of a big,   lion.

2. The lion was about to   the mouse when he cried out.

3. I didn't mean to   you.

4. The mouse remembered his   to the lion.

Grammar Focus

didn't + infinitive

Change the sentences like the example.

e.g. The mouse <u>remembered</u> his promise. → The mouse <u>didn't remember</u> his promise.

1. He <u>grabbed</u> the mouse.

   →

2. The lion <u>laughed</u> a big laugh.

   →

Summary

Fill in the blanks with the correct words to summarize the story.

caught	**woke**	**cried**	**kept**	**go**

One day, a little mouse _____ a sleeping lion.

The lion was very angry, so the mouse _____ out,

"Please let me go. I will help you someday." The lion

laughed and let him _____ . Not long after, the

mouse saw the lion _____ in a net and helped him

get free. The mouse _____ his promise.

Music

🎧 Listen and check ☑ what you already know.

① Music is made up of sounds that go together. ☐

Reading Focus

- What do you think music is?
- Where can you find music?

② Music can express people's feelings and thoughts. ☐

Vocabulary

- ✓ sound
- ✓ together
- ✓ play
- ✓ instrument
- ✓ listen
- ✓ express
- ✓ feel
- ✓ think

Music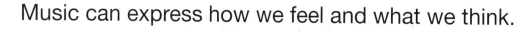

Music is made up of sounds that go together. Music is what people sing and play on instruments like the piano.

You will find music everywhere if you listen for it.

You can find it playing on the radio, TV, your computer, and your mobile phone.

Music can express how we feel and what we think.

Devices for Listening to Music

computer

mobile phone

TV

Comprehension Checkup

A Choose the best answers.

1. **What is the passage mainly about?**

   a. music around us

   b. how to buy music

   c. how to play instruments

2. **What makes music?**

   a. Only words make music.

   b. Only instruments make music.

   c. Sounds that go together make music.

3. **According to the passage, what can we express through music?**

   a. how difficult it is to sing

   b. what we think

   c. which instruments to use

LEVEL UP! 4. **What can you infer from the passage?**

   a. People make and enjoy music in various ways.

   b. In the past, music was made only for the rich.

   c. The piano is the most famous instrument in the world.

B Select True or False.

1. Radios, TVs, and computers play music for us. ········· T / F

2. We can express how we feel through music. ········· T / F

Vocabulary Focus

A Match the words with their meanings.

1. **together** •   • **a.** to perform music

2. **play** •   • **b.** to show feelings and thoughts

3. **listen** •   • **c.** with each other

4. **express** •   • **d.** to pay attention to a sound

B Choose the correct words to fill in the blanks.

playing	instruments	feel	sounds

1. Music is made up of _____ that go together.

2. Music is what people sing and play on _____ like the piano.

3. You can find music _____ on the radio and your computer.

4. Music can express how we _____ and what we think.

Grammar Focus

Choose the correct words.

1. You will (*found* / *find*) music everywhere if you listen for it.

2. If you let him go, he will (*help* / *helps*) you someday.

3. She will (*plays* / *play*) the piano.

Summary

Fill in the blanks with the correct words to summarize the passage.

> instruments   express   everywhere   thoughts   listen

Music is what people sing and play on _____ like

the piano. You will find music _____ if you

_____ for it. Music can _____ our feelings

and _____ .

Folk Music

🎧 Listen and check ☑ what you already know.

① Folk music is traditional music. ☐

Reading Focus

- How will future generations learn folk music?
- Who is a folk singer?

② Folk songs are generally for ordinary people. ☐

Vocabulary

- ✓ generally
- ✓ ordinary
- ✓ professional
- ✓ musician
- ✓ future
- ✓ generation
- ✓ copy
- ✓ traditional
- ✓ folk singer

Folk Music 🎧

Folk music is generally made, played, or sung by ordinary people, not professional musicians. Future generations will learn it by listening to and copying it.

Folk music is traditional music. Every country has its own traditional music. Folk songs are part of folk music.

Folk singers are people who sing folk songs.

Comprehension Checkup

A Choose the best answers.

1. What is the passage mainly about?

a. music by ordinary people

b. ordinary people's clothing

c. music and instruments

2. What is folk music?

a. music by future generations

b. music without singers

c. traditional music by non-professional musicians

3. How will future generations learn folk music?

a. by reading books

b. by making food

c. by listening to and copying folk music

LEVEL UP! 4. What can you infer about folk music from the passage?

a. It will disappear in the near future.

b. It shows its country's culture and traditions.

c. It is played only by the traditional instruments of its country.

B Select True or False.

1. Folk music comes from professional musicians. ······· T / F

2. Folk singers are people who make traditional instruments. T / F

A Match the words with their meanings.

1.  generation •

    • a. to do what someone else has done

2.  professional •

    • b. a group of people of about the same age

3.  ordinary •

    • c. not different or special

4. copy •

    • d. doing a job that needs special skill

B Choose the correct words to fill in the blanks.

| traditional | ordinary | Folk | copying |

1. Folk music is generally made, played, or sung by _____ people.
2. Future generations will learn folk music by listening to and _____ it.
3. Folk music is _____ music.
4. _____ singers are people who sing folk songs.

Grammar Focus

every with singular noun

Choose the correct words.

1. Every country (*has* / *have*) its own traditional music.

2. We go to the library every (*week* / *weeks*).

3. Every (*person* / *people*) is equal.

Summary

Fill in the blanks with the correct words to summarize the passage.

own	ordinary	copying	traditional	listening

Folk music is music by _____ people. Future

generations will learn it by _____ to and

_____ it. Folk music is _____ music.

Every country has its _____ traditional music.

Review Vocabulary Test

A Write the correct words and the meanings in Korean.

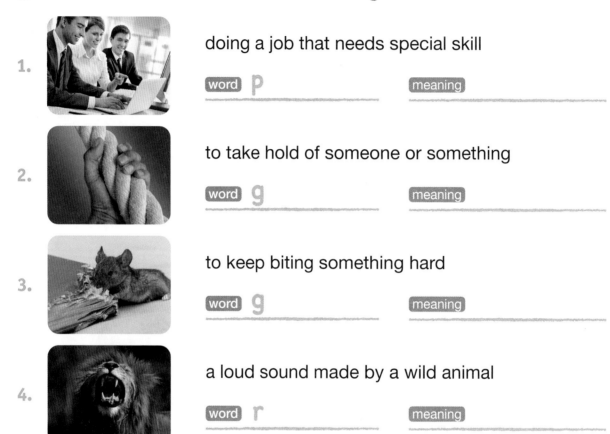

1. doing a job that needs special skill

   word p _____   meaning _____

2. to take hold of someone or something

   word g _____   meaning _____

3. to keep biting something hard

   word g _____   meaning _____

4. a loud sound made by a wild animal

   word r _____   meaning _____

B Choose the correct words to fill in the blanks.

| listen | greedy | swallow | traditional |

1. Folk music is _____ music.

2. As the farmer grew rich, he grew _____.

3. You will find music everywhere if you _____ for it.

4. The lion was about to _____ the mouse when he cried out.

C Complete the crossword puzzle.

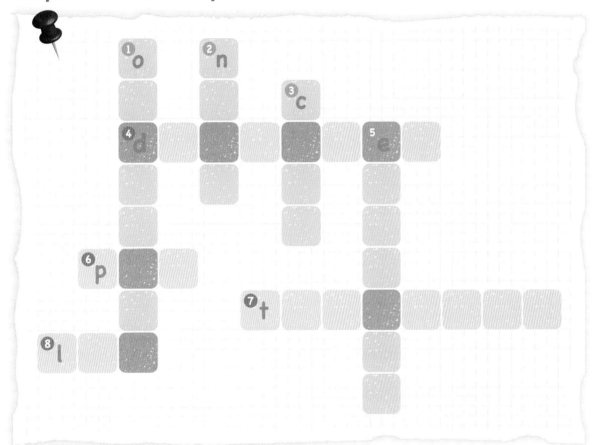

Across

4 to find out something surprising

6 an animal's foot that has nails

7 with each other

8 to make eggs come out of a body

Down

1 not different or special

2 a place where an animal lays its egg

3 to do what someone else has done

5 to show feelings and thoughts

Review Grammar Test

A Choose the correct words.

1. I will (*helps* / *help*) you someday.

2. Every (*country* / *countries*) has its own traditional music.

3. He almost threw it away but (*change* / *changed*) his mind.

4. The lion (*didn't* / *wasn't*) laugh a big laugh.

B Correct the underlined words and then rewrite the sentences.

1. The mouse didn't <u>cried</u> out.

   →

2. She will <u>goes</u> to the park in the afternoon.

   →

3. Every <u>mornings</u>, the goose laid another golden egg.

   →

Visual Arts & Math

UNIT 17   **Art and Artists**

UNIT 18   **Colors**

UNIT 19   **Counting**

UNIT 20   **Addition**

Art and Artists

🎧 Listen and check ☑ what you already know.

① Artists are people who create art. ☐

② When you draw pictures, you're making art. ☐

Vocabulary

- ✓ clay
- ✓ draw
- ✓ art
- ✓ create
- ✓ artist
- ✓ paint
- ✓ statue
- ✓ sculptor
- ✓ imagination

Art and Artists 🎧

Do you like to play with clay, draw pictures, and build with blocks? When you do these things, you are making art. People who create art are called artists. Some artists draw with pencils on paper. Some artists paint pictures. Some artists create statues. These artists are called sculptors. One thing that all artists need is imagination.

painting

sculpting

drawing

Comprehension Checkup

A Choose the best answers.

1. What is the passage mainly about?

a. how to be an artist

b. artists' imagination

c. art and people who create it

2. What do artists not do?

a. They create art.

b. They paint pictures.

c. They make laws.

3. What do sculptors do?

a. They draw pictures.

b. They build with blocks.

c. They create statues.

LEVEL UP! 4. What can you infer from the passage?

a. Imagination helps people to create art.

b. Artists usually think creating statues is hard.

c. Artists need more imagination than writers.

B Select True or False.

1. Drawing pictures is a kind of art. · · · · · · · · T / F

2. Sculptors are artists. · · · · · · · · T / F

A **Match the words with their meanings.**

1. clay • • **a.** a type of heavy, sticky earth

2. paint • • **b.** a model of a person or an animal made from stone or metal

3. statue • • **c.** to make a picture using paints

4. imagination • • **d.** the ability to form pictures or ideas in your mind

B **Choose the correct words to fill in the blanks.**

pencils	artists	sculptors	create

1. People who _____ art are called artists.

2. Some artists draw with _____ on paper.

3. Some _____ create statues.

4. One thing that all _____ need is imagination.

Grammar Focus

Change the sentences like the example.

> **e.g.** She lives in London. → Does she live in London?

1. You like to play with clay.

   →

2. He draws pictures.

   →

Summary

Fill in the blanks with the correct words to summarize the passage.

> create   building   artists   Imagination   art

Playing with clay, drawing pictures, and _____

with blocks are acts of creating _____ .

People who _____ art are called _____ .

_____ is very important for all artists.

Colors

🎧 Listen and check ☑ what you already know.

① Blue makes people think of a cool ocean. ☐

- How many colors can you name?
- Which colors make you think of flames?

② Different colors can give people different feelings. ☐

Vocabulary

- ✓ alive
- ✓ name
- ✓ feeling
- ✓ flame
- ✓ shady
- ✓ lawn

Colors 🎧

The world is alive with colors. How many colors can you name? Red, blue, white–what else?

Colors can give us some feelings. Some colors like red, orange, and yellow can make us think of flames or the sun. Some colors like blue and green can make us think of a cool ocean or a shady lawn.

blue ocean

red flame

Comprehension Checkup

A **Choose the best answers.**

1. **What is the passage mainly about?**

   a. naming colors

   b. feelings from colors

   c. feeling the sun and the ocean

2. **Which color can make you think of flames?**

   a. red

   b. green

   c. purple

3. **What do you think of when you see something blue?**

   a. the sun

   b. a strawberry

   c. a cool ocean

LEVEL UP! 4. **What can you infer from the passage?**

   a. Blue is easier to find than orange.

   b. There are too many colors to count.

   c. Many people feel warmth from the color red.

B **Select True or False.**

1. Colors can give us some feelings. $\cdots\cdots\cdots$ T / F

2. The color orange makes you think of a shady lawn. $\cdots\cdots$ T / F

A **Match the words with their meanings.**

1. alive
   a. hot bright burning gas

2. flame
   b. emotion that we have

3. shady
   c. full of energy, happiness, etc.

4. feeling
   d. sheltered from the sun

B **Choose the correct words to fill in the blanks.**

| feelings | lawn | alive | make |

1. The world is _____ with colors.

2. Colors can give us some _____ .

3. Red, orange, and yellow can _____ us think of flames.

4. Green can make us think of a shady _____ .

132

Grammar Focus

Preposition *like*

Choose the correct words.

1. Some colors (*liked* / *like*) red, orange, and yellow can make us think of flames or the sun.

2. Some colors (*like* / *likes*) blue and green can make us think of a cool ocean or a shady lawn.

3. Music is what people sing and play on instruments (*likes* / *like*) the piano.

Summary

Fill in the blanks with the correct words to summarize the passage.

| yellow | feelings | ocean | flames | green |

Colors can give us some _____. Red, orange, and

_____ can make us think of _____ or the

sun. Blue and _____ can make us think of an

_____ or a lawn.

Counting

🎧 Listen and check ☑ what you already know.

① The number that comes after another number is one more. ☐

Reading Focus

- What does 'one more' mean?
- What does 'one less' mean?

Vocabulary

- ✓ count
- ✓ after
- ✓ always
- ✓ more
- ✓ before
- ✓ less
- ✓ give away
- ✓ left

② There were five ice cream cones, and three were sold. Two ice cream cones are left now. ☐

Counting

In counting, the number that comes after another number is always 1 more. If you have 6 apples and you get 1 more, you will have 7 apples.

In counting, the number that comes before another number is always 1 less. If you have 5 pencils and you give 1 away, you will have 4 pencils left.

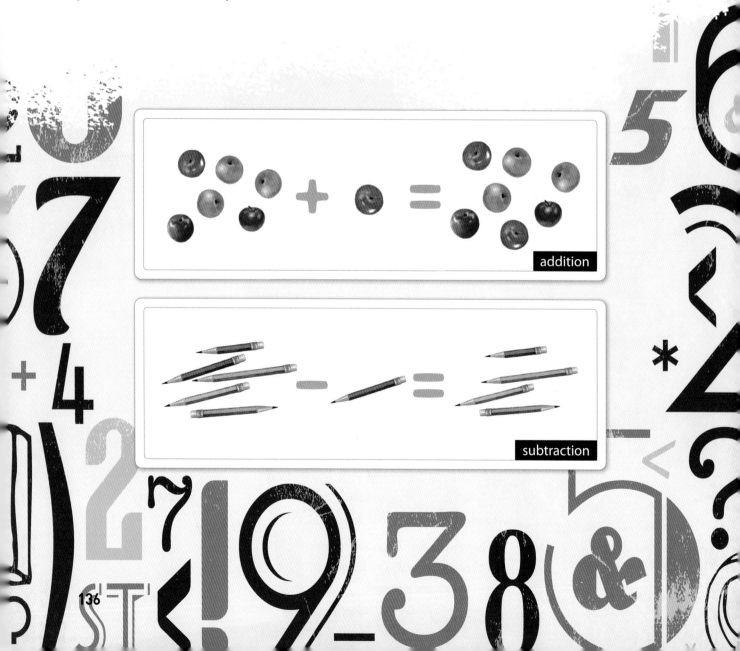

addition

subtraction

Comprehension Checkup

A Choose the best answers.

1. **What is the passage mainly about?**

   a. one more and one less

   b. apples and pencils

   c. counting from four to seven

2. **What is the number after four?**

   a. three

   b. two

   c. five

3. **What is the number before seven?**

   a. six

   b. eight

   c. nine

4. **What number comes after eight?**

   a. seven

   b. nine

   c. ten

B Select True or False.

1. The number that comes after ten is nine. ········ T / F

2. If you have 3 pencils and you give 1 away, you will have 4 pencils left. ········ T / F

Vocabulary Focus

A Match the words with their meanings.

1.

    a. having a quality to a greater degree

2.

    b. to say numbers in order

3.

    c. to give something to someone

4.

    d. having a quality to a smaller degree

B Choose the correct words to fill in the blanks.

more	left	after	before

1. The number that comes _____ another number is always 1 more.

2. If you have 6 apples and get 1 _____, you will have 7 apples.

3. The number that comes _____ another number is always 1 less.

4. If you have 5 pencils and give 1 away, you will have 4 pencils _____.

138

Grammar Focus

Choose the correct words.

1. If you have 5 pencils and you give 1 (*away* / *with*), you will have 4 pencils left.

2. Throw the trash (*without* / *away*).

3. Please go (*at* / *away*) and leave me alone.

Summary

Fill in the blanks with the correct words to summarize the passage.

less	before	always	more	counting

In _____ , the number that comes after another

number is _____ 1 _____ . The number

that comes _____ another number is always 1

_____ .

Addition

🎧 Listen and check ☑ what you already know.

+ = 8

① There are five coins in this piggy bank. If we add three coins, we have eight coins. ☐

Reading Focus

- How can you make 5 through addition?
- What is 5 + 3?

② Addition means putting numbers together. □

6

Vocabulary

- ✓ addition
- ✓ put together
- ✓ glass
- ✓ pick
- ✓ problem
- ✓ plus
- ✓ equal
- ✓ add

Addition 🎧

Addition means putting numbers together.

There are 2 flowers in a glass. You pick 3 more flowers and put them in the glass, too. How many flowers are there in the glass? We write this problem: 2+3=5.

It can be written: Two plus three equals five.

The '+' sign shows that you are adding.

plus   equals

A Choose the best answers.

1. **What is the passage mainly about?**

    a. how to count numbers

    b. how to add and write addition

    c. how to add with coins

2. **What is putting numbers together called?**

    a. addition

    b. counting

    c. subtraction

3. **Which one equals ten?**

    a. three plus six

    b. four plus seven

    c. two plus eight

4. **You have three coins in your pocket. You put four more coins in your pocket. How many coins do you have?**

    a. one

    b. seven

    c. twelve

B Select True or False.

1. Putting numbers together is called addition. ········ T / F

2. The '+' sign shows the action of counting numbers. ··· T / F

A Match the words with their meanings.

1.

    a. a container made out of a hard, clear material

2.

    b. to be exactly the same

3.

    c. when one number is added to another

4.

    d. to remove a flower or a fruit off a plant to collect it

B Choose the correct words to fill in the blanks.

glass	equals	adding	Addition

1. _____ means putting numbers together.

2. There are 2 flowers in a _____ .

3. It can be written: Two plus three _____ five.

4. The '+' sign shows that you are _____ .

Grammar Focus

Questions with *how*

Choose the correct words.

1. (*How many* / *How much*) flowers are there in the glass?

2. (*How much* / *How many*) colors can you name?

3. (*How many* / *How much*) milk do you need?

Summary

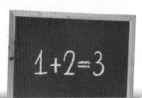

Fill in the blanks with the correct words to summarize the passage.

adding	numbers	plus	equals	written

Addition means putting _____ together.

When we write 2 + 3 = 5, it can be _____ :

Two _____ three _____ five.

The '+' sign shows that you are _____ .

Review Vocabulary Test

A Write the correct words and the meanings in Korean.

1.

to be exactly the same

word e _____ meaning _____

2.

emotion that we have

word f _____ meaning _____

3.

full of energy, happiness, etc.

word a _____ meaning _____

4.

having a quality to a smaller degree

word l _____ meaning _____

B Choose the correct words to fill in the blanks.

before	adding	think	create

1. The '+' sign shows that you are _____ .

2. People who _____ art are called artists.

3. Blue can make us _____ of a cool ocean.

4. The number that comes _____ another number is always 1 less.

C Complete the words and answer the question.

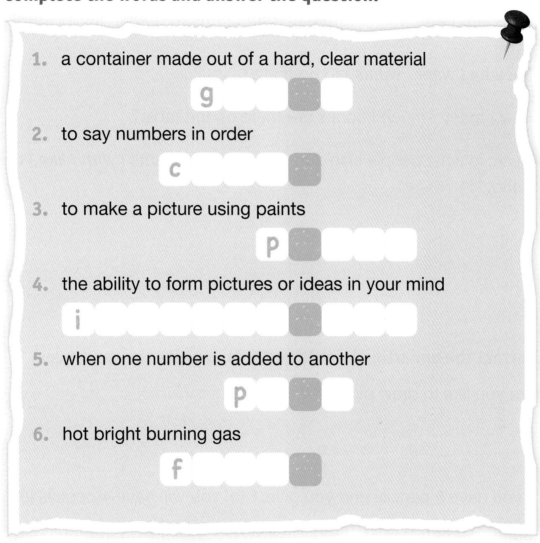

1. a container made out of a hard, clear material

   g _ _ _ _ _

2. to say numbers in order

   c _ _ _ _ _

3. to make a picture using paints

   p _ _ _ _ _

4. the ability to form pictures or ideas in your mind

   i _ _ _ _ _ _ _ _ _ _ _

5. when one number is added to another

   p _ _ _

6. hot bright burning gas

   f _ _ _ _

What is the word in the colored boxes?

Review Grammar Test

Ⓐ Choose the correct words.

1. Please throw the empty cans (*away* / *in*).

2. Does he (*want* / *wants*) to go there?

3. How (*many* / *much*) books are there on the table?

4. Music is what people sing and play on instruments (*with* / *like*) the piano.

Ⓑ Correct the underlined words and then rewrite the sentences.

1. <u>Are</u> you like to draw pictures?

   ➜

2. If you have 5 pencils and you give 1 <u>to</u>, you will have 4 pencils left.

   ➜

3. Some colors <u>likes</u> red and orange can make us think of flames.

   ➜

11 Needs and Wants

☐☐☐	**needs**	명	필요한 것
☐☐☐	**must**	조	~해야 한다
☐☐☐	**live**	동	살다
☐☐☐	**need**	동	~이 필요하다
☐☐☐	**clothing**	명	옷, 의복
☐☐☐	**shelter**	명	주거지, 은신처
☐☐☐	**care**	명	보살핌, 돌봄
☐☐☐	**wants**	명	원하는 것
☐☐☐	**would like to**	조	~하고 싶다
☐☐☐	**can**	조	~할 수 있다
☐☐☐	**without**	전	~없이
☐☐☐	**new**	형	새로운
☐☐☐	**find**	동	찾다, 발견하다
☐☐☐	**something else**		또 다른 것
☐☐☐	**fun**	명	재미

10 Communities

☐☐☐	**community**	명	공동체, 지역 사회
☐☐☐	**share**	동	공유하다, 나누다
☐☐☐	**same**	형	같은
☐☐☐	**environment**	명	환경
☐☐☐	**different**	형	다른
☐☐☐	**kind**	명	종류
☐☐☐	**urban area**	명	도시 지역
☐☐☐	**suburb**	명	교외
☐☐☐	**rural area**	명	시골 지역
☐☐☐	**city**	명	도시
☐☐☐	**around**	전	~의 주위에
☐☐☐	**near**	형	가까운
☐☐☐	**be made up of**		~로 구성되다
☐☐☐	**mostly**	부	대부분, 대개
☐☐☐	**farmland**	명	농지

접는선

☐☐☐	job	명 직업, 일
☐☐☐	work	명 일, 직업
☐☐☐	person	명 사람
☐☐☐	need to	~해야 한다
☐☐☐	washing up	명 설거지
☐☐☐	repair	동 수리하다, 고치다
☐☐☐	broken	형 고장 난, 깨진
☐☐☐	etc.	~등
☐☐☐	earn	동 (돈을) 벌다
☐☐☐	money	명 돈
☐☐☐	with	전 ~으로, ~을 사용하여
☐☐☐	buy	동 사다
☐☐☐	want	동 원하다
☐☐☐	call	동 부르다
☐☐☐	volunteer	명 자원봉사자

☐☐☐	transportation	명 교통수단, 운송 수단
☐☐☐	move	동 운반하다, 옮기다
☐☐☐	kind	명 종류
☐☐☐	need	동 필요(성)
☐☐☐	change	동 변화하다
☐☐☐	speed	명 속도
☐☐☐	variety	명 다양성
☐☐☐	important	형 중요한
☐☐☐	past	명 과거
☐☐☐	ship	명 배
☐☐☐	plane	명 비행기
☐☐☐	faster	형 더 빠른 (fast의 비교급)
☐☐☐	varied	형 다양한
☐☐☐	shape	명 모양, 형태
☐☐☐	size	명 크기

UNIT 13 The Goose That Laid the Golden Eggs

- [ ] once — 옛날에
- [ ] nest — 둥지
- [ ] goose — 거위
- [ ] egg — 알, 달걀
- [ ] shiny — 빛나는, 번쩍이는
- [ ] heavy — 무거운
- [ ] throw away — 버리다, 던지다
- [ ] change one's mind — 마음을 바꾸다
- [ ] discover — 발견하다
- [ ] lay — (알을) 낳다
- [ ] golden — 황금빛의
- [ ] soon — 곧, 이내
- [ ] grow — ~해지다, ~하게 되다
- [ ] greedy — 탐욕스러운, 욕심 많은
- [ ] at once — 한꺼번에, 동시에

접는선

UNIT 08 Homes

- [ ] need — ~이 필요하다
- [ ] shelter — 보호하다 / 주거지
- [ ] weather — 날씨
- [ ] also — 또한
- [ ] provide — 제공하다
- [ ] safety — 안전
- [ ] place — 장소
- [ ] rest — 쉬다
- [ ] land — 땅, 지역
- [ ] build — 건설하다, 짓다
- [ ] keep out — 막다
- [ ] stay — 머물다, 유지하다
- [ ] warm — 따뜻한
- [ ] let in — ~를 들어오게 하다
- [ ] breeze — 미풍, 산들바람

UNIT 14 The Lion and the Mouse

- ☐☐☐ paw 명 (동물의) 발
- ☐☐☐ grab 통 붙잡다
- ☐☐☐ be about to 막 ~하려고 하다
- ☐☐☐ swallow 통 삼키다
- ☐☐☐ cry out 외치다
- ☐☐☐ mean to ~하려고 작정하다
- ☐☐☐ disturb 통 방해하다
- ☐☐☐ laugh 통 웃다 명 웃음
- ☐☐☐ roar 명 으르렁거리는 소리
- ☐☐☐ trouble 명 문제
- ☐☐☐ net 명 그물
- ☐☐☐ remember 통 기억하다
- ☐☐☐ promise 명 약속 통 약속하다
- ☐☐☐ gnaw 통 물어뜯다, 갉아먹다
- ☐☐☐ rope 명 밧줄

UNIT 07 Families

- ☐☐☐ share 통 함께 하다, 공유하다
- ☐☐☐ housework 명 집안일, 가사
- ☐☐☐ take care of ~를 돌보다
- ☐☐☐ one another 서로
- ☐☐☐ type 명 종류, 유형
- ☐☐☐ nuclear family 명 핵가족
- ☐☐☐ extended family 명 대가족
- ☐☐☐ consist of ~로 구성되다
- ☐☐☐ include 통 포함하다
- ☐☐☐ children 명 아이들 (child의 복수형)
- ☐☐☐ more than ~ 이상의
- ☐☐☐ parents 명 부모
- ☐☐☐ grandparents 명 조부모
- ☐☐☐ uncle 명 삼촌, 숙부
- ☐☐☐ and so on ~ 등

☐☐☐	**be made up of**	~로 구성되다
☐☐☐	**sound**	명 소리
☐☐☐	**together**	부 함께
☐☐☐	**what**	때 (~하는) 것
☐☐☐	**sing**	통 노래하다
☐☐☐	**play**	통 연주하다, 연주되다
☐☐☐	**instrument**	명 악기
☐☐☐	**like**	전 ~ 같은
☐☐☐	**find**	통 찾다, 발견하다
☐☐☐	**everywhere**	부 어디에서나
☐☐☐	**if**	접 만일 ~이라면
☐☐☐	**listen**	통 듣다
☐☐☐	**express**	통 표현하다
☐☐☐	**feel**	통 느끼다
☐☐☐	**think**	통 생각하다

☐☐☐	**ocean**	명 대양, 바다
☐☐☐	**large**	형 큰
☐☐☐	**area**	명 구역, 지역
☐☐☐	**salt**	명 소금
☐☐☐	**join**	통 연결하다
☐☐☐	**smaller**	형 더 작은 (small의 비교급)
☐☐☐	**sea**	명 바다
☐☐☐	**together**	부 함께, 같이
☐☐☐	**cover**	통 걸치다, 포함하다, 덮다
☐☐☐	**planet**	명 행성
☐☐☐	**largest**	형 가장 큰 (large의 최상급)
☐☐☐	**Pacific Ocean**	명 태평양
☐☐☐	**surface**	명 표면
☐☐☐	**smallest**	형 가장 작은 (small의 최상급)
☐☐☐	**Arctic Ocean**	명 북극해

접는선

UNIT 16 Folk Music

	단어	뜻
☐☐☐	folk music	명 민속 음악
☐☐☐	generally	부 일반적으로
☐☐☐	ordinary	형 보통의, 평범한
☐☐☐	professional	형 직업의, 전문적인
☐☐☐	musician	명 음악가
☐☐☐	future	형 미래의 명 미래
☐☐☐	generation	명 세대
☐☐☐	learn	동 배우다
☐☐☐	copy	동 따라하다, 모방하다
☐☐☐	traditional	형 전통적인
☐☐☐	every	형 모든
☐☐☐	country	명 나라, 국가
☐☐☐	folk song	명 민요
☐☐☐	part	명 부분, 일부
☐☐☐	folk singer	명 민요 가수

UNIT 05 Deserts

	단어	뜻
☐☐☐	desert	명 사막
☐☐☐	driest	형 가장 건조한 (dry의 최상급)
☐☐☐	hardly	부 거의 ~하지 않다
☐☐☐	rainfall	명 강우량
☐☐☐	often	부 자주, 종종
☐☐☐	huge	형 거대한
☐☐☐	sandstorm	명 모래 폭풍
☐☐☐	hot	형 더운
☐☐☐	also	부 또한
☐☐☐	Antarctica	명 남극 대륙
☐☐☐	snowstorm	명 눈보라
☐☐☐	during	전 ~동안
☐☐☐	day	명 낮
☐☐☐	at night	밤에
☐☐☐	get	동 (~한 상태가) 되다

UNIT 17 Art and Artists

- ☐☐☐ like — 동 좋아하다
- ☐☐☐ clay — 명 점토, 찰흙
- ☐☐☐ draw — 동 (연필 등으로) 그리다
- ☐☐☐ picture — 명 그림
- ☐☐☐ build — 동 만들어 내다
- ☐☐☐ art — 명 예술, 예술 작품
- ☐☐☐ create — 동 창조하다
- ☐☐☐ call — 동 부르다
- ☐☐☐ artist — 명 예술가
- ☐☐☐ pencil — 명 연필
- ☐☐☐ paint — 동 (물감으로) 그리다
- ☐☐☐ statue — 명 조각상
- ☐☐☐ sculptor — 명 조각가
- ☐☐☐ need — 동 필요하다
- ☐☐☐ imagination — 명 상상력, 창의성

UNIT 04 Grass

- ☐☐☐ grass — 명 풀, 잔디
- ☐☐☐ type — 명 종류, 유형
- ☐☐☐ spread — 동 퍼뜨리다, 확산시키다
- ☐☐☐ pollen — 명 꽃가루
- ☐☐☐ seed — 명 씨, 씨앗
- ☐☐☐ help — 명 도움
- ☐☐☐ wind — 명 바람
- ☐☐☐ for a long time — 오랫동안
- ☐☐☐ corn — 명 옥수수
- ☐☐☐ wheat — 명 밀
- ☐☐☐ barley — 명 보리
- ☐☐☐ oats — 명 귀리
- ☐☐☐ use — 동 사용하다
- ☐☐☐ such as — ~와 같은
- ☐☐☐ drink — 명 음료

UNIT 18 Colors

☐☐☐	world	명	세상, 세계
☐☐☐	alive	형	활기 넘치는
☐☐☐	color	명	색깔
☐☐☐	name	동	이름을 대다
☐☐☐	give	동	주다
☐☐☐	feeling	명	느낌, 감정
☐☐☐	like	전	~같은
☐☐☐	orange	명	주황색
☐☐☐	think of		~을 생각하다
☐☐☐	flame	명	불꽃
☐☐☐	green	명	녹색
☐☐☐	cool	형	시원한
☐☐☐	ocean	명	대양, 바다
☐☐☐	shady	형	그늘진
☐☐☐	lawn	명	잔디

UNIT 03 Animals

☐☐☐	mammal	명	포유류
☐☐☐	reptile	명	파충류
☐☐☐	amphibian	명	양서류
☐☐☐	fish	명	어류, 물고기
☐☐☐	insect	명	곤충
☐☐☐	fur	명	털
☐☐☐	feather	명	깃털
☐☐☐	wing	명	날개
☐☐☐	beak	명	부리
☐☐☐	dry	형	건조한
☐☐☐	shell	명	(딱딱한) 껍데기
☐☐☐	smooth	형	매끄러운
☐☐☐	damp	형	축축한
☐☐☐	fin	명	지느러미
☐☐☐	part	명	부분, 일부

19 Counting

☐☐☐	count	통	(수를) 세다
☐☐☐	number	명	숫자
☐☐☐	come	통	오다
☐☐☐	after	전	~ 뒤에
☐☐☐	another	형	또 하나의, 다른
☐☐☐	always	부	항상
☐☐☐	more	형	더 많은 명 더 많은 수
☐☐☐	if	접	만일 ~라면
☐☐☐	apple	명	사과
☐☐☐	get	통	얻다, 가지다
☐☐☐	before	전	~ 앞에
☐☐☐	less	형	더 적은 명 더 적은 수
☐☐☐	pencil	명	연필
☐☐☐	give away		줘버리다
☐☐☐	left	형	남겨진

02 Plants

☐☐☐	plant	명	식물
☐☐☐	living	형	살아있는
☐☐☐	grow	통	자라다, 성장하다
☐☐☐	change	통	변하다
☐☐☐	sunlight	명	햇빛
☐☐☐	space	명	공간
☐☐☐	own	형	자신의
☐☐☐	food	명	(식물의) 양분
☐☐☐	most	형	대부분의
☐☐☐	ground	명	땅, 지면
☐☐☐	stem	명	줄기
☐☐☐	root	명	뿌리
☐☐☐	leaf	명	잎 (복수형은 leaves)
☐☐☐	hold up		~을 지탱하다
☐☐☐	store	통	저장하다

UNIT 20 Addition

- ☐☐☐ addition 명 덧셈, 더하기
- ☐☐☐ mean 동 의미하다
- ☐☐☐ put together 합하다
- ☐☐☐ flower 명 꽃
- ☐☐☐ glass 명 유리잔, 컵
- ☐☐☐ pick 동 (꽃·과일 등을) 따다, 꺾다
- ☐☐☐ put 동 넣다
- ☐☐☐ too 부 ~도 (또한)
- ☐☐☐ write 동 쓰다, 적다
- ☐☐☐ problem 명 문제
- ☐☐☐ plus 전 ~을 더하여
- ☐☐☐ equal 동 같다
- ☐☐☐ sign 명 부호, 기호
- ☐☐☐ show 동 보여 주다
- ☐☐☐ add 동 더하다

UNIT 01 The Arctic

- ☐☐☐ Arctic 명 북극 지방 형 북극의
- ☐☐☐ area 명 지역, 구역
- ☐☐☐ North Pole 명 북극
- ☐☐☐ cold 형 추운
- ☐☐☐ ocean 명 대양, 바다
- ☐☐☐ frozen 형 얼어붙은
- ☐☐☐ animal 명 동물
- ☐☐☐ feather 명 깃털
- ☐☐☐ fur 명 털
- ☐☐☐ keep 동 유지하다, 보호하다
- ☐☐☐ warm 형 따뜻한
- ☐☐☐ throw 동 던지다
- ☐☐☐ freeze 동 얼다
- ☐☐☐ hit 동 닿다
- ☐☐☐ ground 명 땅, 지면

영어 리딩의 최종 목적지, 논픽션 리딩에 강해지는

READING
미국교과서 리딩

LEVEL 3 ①

논픽션 독해력 미국 교과과정의 핵심 지식 습득과 독해력 향상

문제 해결력 지문 내용을 완전히 소화하도록 하는 수준별 독해 연습

통합사고력 배경지식과 새로운 정보를 연결하여 내 것으로 만드는 연습

자기주도력 스스로 계획하고 성취도를 점검하는 자기주도 학습 습관 형성

READING
미국교과서 리딩

Word List

3.1

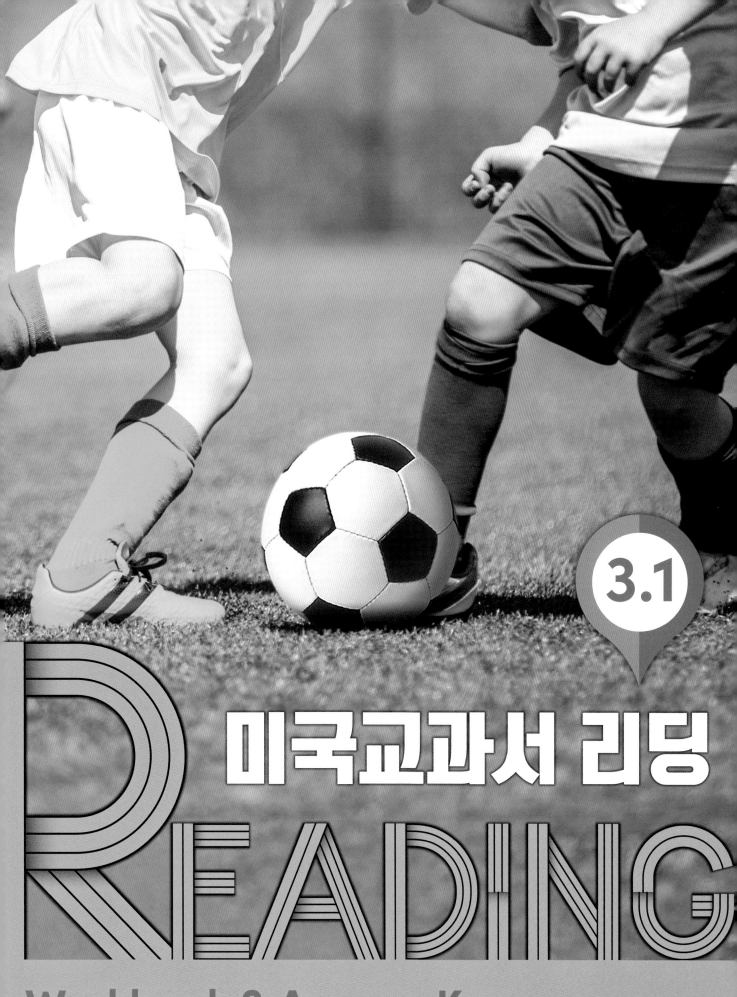

미국교과서 리딩 READING

3.1

Workbook & Answer Key

길벗스쿨

READING

미국교과서 리딩

LEVEL 3 ①

Workbook

길벗스쿨

The Arctic

A Look, choose, and write.

1. cold

2.

3.

frozen

cold

animal

fur

ocean

feather

4.

5.

6.

B Look, read, and circle.

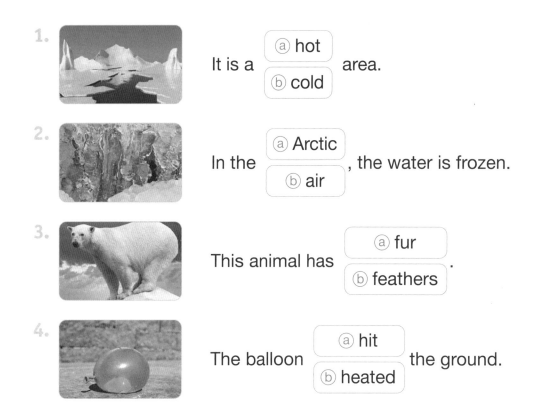

1. It is a ⓐ hot ⓑ cold area.

2. In the ⓐ Arctic ⓑ air , the water is frozen.

3. This animal has ⓐ fur ⓑ feathers .

4. The balloon ⓐ hit ⓑ heated the ground.

Plants

A Look, choose, and write.

1.

living

2.

3.

food

ground

leaf

root

living

stem

4.

5.

6.

B Look, read, and circle.

1.

Look at the empty
ⓐ leaf
ⓑ space
.

2.

He is watering
ⓐ plants
ⓑ food
.

3.

This animal can
ⓐ store
ⓑ change
its color.

4.

He will
ⓐ grow
ⓑ help
.

Animals

A Look, choose, and write.

1.

   fin

2.

3.

4.

5.

6.

insect

shell

damp

fish

beak

fin

B Look, read, and circle.

1.

   Whales are ⓐ mammals / ⓑ birds .

2.

   Turtles are ⓐ fish / ⓑ reptiles .

3.

   Frogs and toads are ⓐ amphibians / ⓑ insects .

4.

   Fish have ⓐ fins / ⓑ fans to swim.

4

Grass

A   Look, choose, and write.

1.

drink

2.

3.

4.

5.

6.

wheat
corn
seed
drink
pollen
spread

B   Look, read, and circle.

1.

ⓐ Pollen   is in the air.
ⓑ Corn

2.

ⓐ Potato chips   are good for health.
ⓑ Oats

3.

Look at the green   ⓐ barley   field.
                    ⓑ snow

4.

Clay is   ⓐ eaten   to make bowls.
          ⓑ used

Deserts

A Look, choose, and write.

1.

snowstorm

2.

3.

desert

snowstorm

rainfall

sandstorm

huge

dry

4.

5.

6.

B Look, read, and circle.

1.

He is looking at a
ⓐ hot
ⓑ huge
mountain.

2.

ⓐ Antarctica
ⓑ Sandstorm
is very cold.

3.

He can
ⓐ hard
ⓑ hardly
stand the smell.

4.

The increased
ⓐ rainfall
ⓑ snowstorm
makes the girl happy.

Oceans

A   Look, choose, and write.

1.

cover

2.

3.

salt

planet

surface

join

area

cover

4.

5.

6.

B   Look, read, and circle.

1.

This is an
ⓐ ocean
ⓑ office
.

2.

We can find octopus in
ⓐ salt
ⓑ sugar
water.

3.

She is
ⓐ growing
ⓑ joining
two pieces.

4.

He is walking on the
ⓐ surface
ⓑ bottom
of the moon.

A Look, choose, and write.

1.

uncle

2.

3.

housework

parents

children

grandparents

share

uncle

4.

5.

6.

B Look, read, and circle.

1.

This is an extended _____ .
ⓐ class
ⓑ family

2.

ⓐ Nuclear
ⓑ Extended
families are more common.

3.

The team consists _____ five players.
ⓐ of
ⓑ on

4.

A sandwich _____ bread, cheese, and ham.
ⓐ shares
ⓑ includes

A Look, choose, and write.

1.

   provide

2.

3.

4.

5.

6.

weather

rest

provide

breeze

build

shelter

B Look, read, and circle.

1.

   She wants to ⓐ stay ⓑ rest healthy.

2.

   They keep ⓐ out ⓑ in the cold with a blanket.

3.

   This is a ⓐ hot ⓑ safety checklist.

4.

   The ⓐ breeze ⓑ sun makes the kite fly.

Transportation

A Look, choose, and write.

1.

transportation

2.

_____

3.

_____

| speed |
| plane |
| transportation |
| ship |
| move |
| variety |

4.

_____

5.

_____

6.

_____

B Look, read, and circle.

1.

In the ⓐ past / ⓑ future , there once lived the mammoth.

2.

Roses are ⓐ varied / ⓑ simple in shapes and colors.

3.

The ⓐ plane / ⓑ ship is taking off.

4.

They are ⓐ changing / ⓑ moving boxes.

Communities

A Look, choose, and write.

1.

around

2.

3.

4.

5.

6.

environment

same

farmland

different

around

urban area

B Look, read, and circle.

1.

ⓐ Farmlands

ⓑ Suburbs

are near urban areas.

2.

A lot of tall buildings are in

ⓐ rural

ⓑ urban

areas.

3.

This is

ⓐ farmland

ⓑ water

.

4.

We live in

ⓐ communications

ⓑ communities

.

Needs and Wants

A Look, choose, and write.

1.

shelter

2.

_____

3.

_____

care

clothing

shelter

without

fun

needs

4.

_____

5.

_____

6.

_____

B Look, read, and circle.

1.

He is taking ⓐ love / ⓑ care of a baby.

2.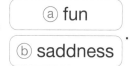

Building sandcastles is a lot of ⓐ fun / ⓑ saddness.

3.

This is a ⓐ shelter / ⓑ toy.

4.

We can live without ⓐ needs / ⓑ wants.

Jobs

A Look, choose, and write.

1.

volunteer

2.

3.

repair

earn

work

washing up

broken

volunteer

4.

5.

6.

B Look, read, and circle.

1.

She is
ⓐ waking
ⓑ washing
up.

2.

He is
ⓐ repairing
ⓑ buying
a computer.

3.

They are
ⓐ working
ⓑ calling
.

4.

There are many
ⓐ jobs
ⓑ things
.

The Goose That Laid the Golden Eggs

A   Look, choose, and write.

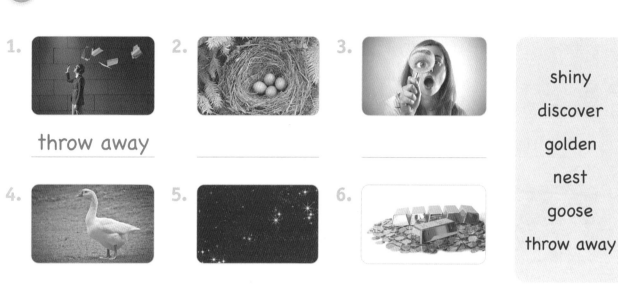

1. throw away

2. _____

3. _____

4. _____

5. _____

6. _____

shiny
discover
golden
nest
goose
throw away

B   Look, read, and circle.

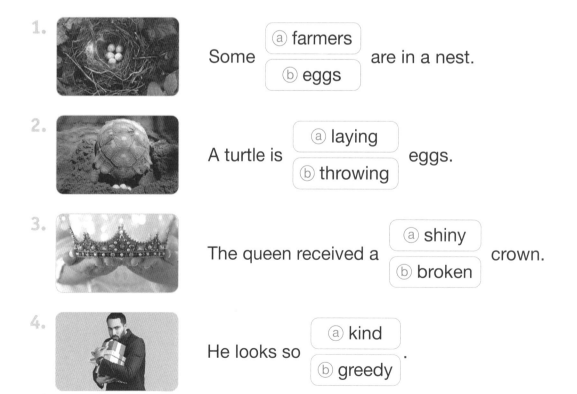

1. Some 　ⓐ farmers　／　ⓑ eggs　 are in a nest.

2. A turtle is 　ⓐ laying　／　ⓑ throwing　 eggs.

3. The queen received a 　ⓐ shiny　／　ⓑ broken　 crown.

4. He looks so 　ⓐ kind　／　ⓑ greedy　.

14

The Lion and the Mouse

A Look, choose, and write.

1.

gnaw

2.

3.

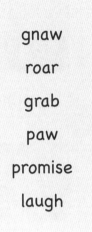

gnaw

roar

grab

paw

promise

laugh

4.

5.

6.

B Look, read, and circle.

1.

Taking pictures is a good way to 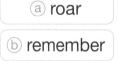 ⓐ roar / ⓑ remember something.

2.

The bird can ⓐ paint / ⓑ swallow small insects.

3.

He is having ⓐ trouble / ⓑ help with his homework.

4.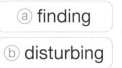

The children are ⓐ finding / ⓑ disturbing their father.

A Look, choose, and write.

1.

express

2.

3.

| feel |
| express |
| listen |
| together |
| think |
| play |

4.

5.

6.

B Look, read, and circle.

1.

Birds make beautiful
ⓐ sounds
ⓑ MP3s

2.

She is
ⓐ listening
ⓑ running
to music.

3.

The violin is a popular
ⓐ computer
ⓑ instrument

4.

They are having a birthday party
ⓐ together
ⓑ alone

Folk Music

A Look, choose, and write.

1.

professional

2.

3.

4.

5.

6.

musician

future

professional

copy

generation

ordinary

B Look, read, and circle.

1.

Folk ⓐ singers / ⓑ countries sing folk songs.

2.

She is a professional ⓐ farmer / ⓑ musician .

3.

Pumpkin pie is a ⓐ traditional / ⓑ shiny dessert to have on Thanksgiving.

4.

Dolphins are ⓐ generally / ⓑ general considered very smart animal.

Art and Artists

A **Look, choose, and write.**

1.

imagination

2.

_____

3.

_____

4.

_____

5.

_____

6.

_____

statue
paint
clay
imagination
draw
sculptor

B **Look, read, and circle.**

1.

He is
ⓐ erasing
ⓑ drawing
a picture.

2.

She is an
ⓐ artist
ⓑ actor
.

3.

He is
ⓐ painting
ⓑ creating
a statue.

4.

She is making
ⓐ art
ⓑ clay
.

Colors

A Look, choose, and write.

1.

alive

2.

3.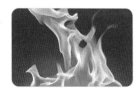

flame

lawn

name

shady

feeling

alive

4.

5.

6.

B Look, read, and circle.

1.

ⓐ Name

ⓑ Sculpt

all the colors of the rainbow.

2.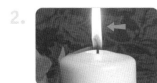

This is a candle

ⓐ flame

ⓑ feeling

.

3.

They are playing on the

ⓐ lawn

ⓑ ocean

.

4.

She is resting in a

ⓐ wet

ⓑ shady

place.

Counting

A Look, choose, and write.

1. after

2.

3.

more

less

give away

count

before

after

4.

5.

6.

B Look, read, and circle.

1. His house is ⓐ never / ⓑ always clean.

2. They play soccer ⓐ after / ⓑ more school.

3. He is ⓐ giving / ⓑ counting numbers.

4. There is only one cookie ⓐ left / ⓑ broken on the plate.

Addition

A Look, choose, and write.

1.

pick

2.

3.

| plus |
| glass |
| problem |
| equal |
| pick |
| addition |

4.

5.

6.

B Look, read, and circle.

1.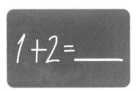

Put numbers ⓐ off / ⓑ together to find the answer.

2.

He is solving 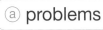 ⓐ problems / ⓑ mazes .

3.

The ⓐ glass / ⓑ bowl is full of juice.

4.

This symbol shows the action of ⓐ adding / ⓑ counting .

Unit 01 Ⓐ 1. cold 2. animal 3. ocean
4. frozen 5. feather 6. fur
Ⓑ 1. ⓑ 2. ⓐ 3. ⓐ 4. ⓐ

Unit 02 Ⓐ 1. living 2. ground 3. food
4. stem 5. root 6. leaf
Ⓑ 1. ⓑ 2. ⓐ 3. ⓑ 4. ⓐ

Unit 03 Ⓐ 1. fin 2. beak 3. insect 4. damp
5. shell 6. fish Ⓑ 1. ⓐ 2. ⓑ 3. ⓐ 4. ⓐ

Unit 04 Ⓐ 1. drink 2. corn 3. seed
4. spread 5. wheat 6. pollen
Ⓑ 1. ⓐ 2. ⓑ 3. ⓐ 4. ⓑ

Unit 05 Ⓐ 1. snowstorm 2. desert
3. rainfall 4. dry 5. huge 6. sandstorm
Ⓑ 1. ⓑ 2. ⓐ 3. ⓑ 4. ⓐ

Unit 06 Ⓐ 1. cover 2. planet 3. salt
4. join 5. surface 6. area
Ⓑ 1. ⓐ 2. ⓐ 3. ⓑ 4. ⓐ

Unit 07 Ⓐ 1. uncle 2. share 3. housework
4. parents 5. children 6. grandparents
Ⓑ 1. ⓑ 2. ⓐ 3. ⓐ 4. ⓑ

Unit 08 Ⓐ 1. provide 2. weather 3. rest
4. build 5. shelter 6. breeze
Ⓑ 1. ⓐ 2. ⓐ 3. ⓑ 4. ⓐ

Unit 09 Ⓐ 1. transportation 2. plane
3. variety 4. move 5. ship 6. speed
Ⓑ 1. ⓐ 2. ⓐ 3. ⓐ 4. ⓑ

Unit 10 Ⓐ 1. around 2. different 3. farmland
4. same 5. environment 6. urban area
Ⓑ 1. ⓑ 2. ⓑ 3. ⓐ 4. ⓑ

Unit 11 Ⓐ 1. shelter 2. clothing 3. fun
4. needs 5. care 6. without
Ⓑ 1. ⓑ 2. ⓐ 3. ⓐ 4. ⓑ

Unit 12 Ⓐ 1. volunteer 2. washing up
3. earn 4. broken 5. repair 6. work
Ⓑ 1. ⓑ 2. ⓐ 3. ⓐ 4. ⓐ

Unit 13 Ⓐ 1. throw away 2. nest
3. discover 4. goose 5. shiny 6. golden
Ⓑ 1. ⓑ 2. ⓐ 3. ⓐ 4. ⓑ

Unit 14 Ⓐ 1. gnaw 2. grab 3. paw 4. laugh
5. promise 6. roar Ⓑ 1. ⓑ 2. ⓑ 3. ⓐ 4. ⓑ

Unit 15 Ⓐ 1. express 2. listen 3. think
4. play 5. feel 6. together
Ⓑ 1. ⓐ 2. ⓐ 3. ⓑ 4. ⓐ

Unit 16 Ⓐ 1. professional 2. musician
3. copy 4. generation 5. future 6. ordinary
Ⓑ 1. ⓐ 2. ⓑ 3. ⓐ 4. ⓐ

Unit 17 Ⓐ 1. imagination 2. clay 3. paint
4. statue 5. sculptor 6. draw
Ⓑ 1. ⓑ 2. ⓐ 3. ⓑ 4. ⓐ

Unit 18 Ⓐ 1. alive 2. lawn 3. flame
4. name 5. feeling 6. shady
Ⓑ 1. ⓐ 2. ⓐ 3. ⓐ 4. ⓑ

Unit 19 Ⓐ 1. after 2. before 3. give away
4. more 5. less 6. count
Ⓑ 1. ⓑ 2. ⓐ 3. ⓑ 4. ⓐ

Unit 20 Ⓐ 1. pick 2. glass 3. plus 4. equal
5. addition 6. problem
Ⓑ 1. ⓑ 2. ⓐ 3. ⓐ 4. ⓐ

미국교과서 리딩 READING

LEVEL 3 ①

Answer Key

길벗스쿨

p.14

| 본문 해석 | **북극**

Arctic은 지구 북극의 주변 지역을 말합니다. 북극은 지구상에서 가장 추운 곳 중 하나입니다. 북극은 바다이지만 항상 얼어붙어 있습니다.
북극 동물들은 스스로를 따뜻하게 유지해 주는 깃털이나 털을 가지고 있습니다.
북극에서 한 컵의 뜨거운 물을 공중으로 뿌리면 무슨 일이 일어날까요? 물은 땅에 닿기도 전에 얼어 버립니다.

| 정답 |

Comprehension Checkup Ⓐ **1.** a **2.** b **3.** b **4.** a Ⓑ **1.** T **2.** F

Vocabulary Focus Ⓐ **1.** c **2.** a **3.** d **4.** b

Ⓑ **1.** frozen **2.** warm **3.** area **4.** coldest

Grammar Focus **1.** is **2.** is / is **3.** is

Summary coldest / keep / fur / frozen / freezes

| 삽화 말풍선 문장 | p.14

① 북극에서는 물이 공중에서 얼어.

② 북극은 지구상에서 가장 추운 지역들 중에 하나야.

| Vocabulary | p.15

· Arctic 명 북극 지방 형 북극의

· cold 형 추운

· ocean 명 대양, 바다

· frozen 형 얼어붙은

· animal 명 동물

· feather 명 깃털

· fur 명 (포유류의) 두껍고 부드러운 털

· hit 동 (장소에) 닿다

| Reading Focus | p.15

· 왜 북극은 항상 얼어 있나요?

· 북극은 어디에 있나요?

| 본문 그림 자료 | p.16

Arctic Animals 북극 동물

· polar bear 흰곰, 북극곰

· white fox 북극 여우

| 문제 정답 및 해석 | p.17

Comprehension Checkup

Ⓐ **가장 알맞은 답을 고르세요.**

1. 본문은 주로 무엇에 관한 글입니까? [a]

　　a. 지구에서 가장 추운 곳 중 하나

　　b. 얼어붙은 바다

　　c. 깃털과 털

2. 북극은 왜 항상 얼어 있습니까? [b]

　　a. 북극은 따뜻하기 때문에

　　b. 북극은 매우 춥기 때문에

　　c. 북극은 바다이기 때문에

3. 북극의 동물은 어떻게 스스로 따뜻하게 유지합니까? [b]

　　a. 뜨거운 물을 마심으로써

　　b. 깃털이나 털로

　　c. 땅에 닿음으로써

4. 북극에서 공중에 뜨거운 물 한 컵을 뿌리면, 어떤 일이 발생합니까? [a]

　　a. 물이 땅에 닿기도 전에 얼어 버립니다.

　　b. 물이 공중에서 사라집니다.

c. 물이 바로 땅에 떨어집니다.

3. 내 방은 충분히 안 큽니다. [is]

B 맞는 문장은 T를, 맞지 않는 문장은 F를 고르세요.

1. 어떤 동물은 북극에서 삽니다. [T]

2. 북극은 남극 주변에 있습니다. [F]

Summary

주어진 단어를 이용해 빈칸을 채워 본문을 요약하세요.

털 / 가장 추운 / 얼어붙는다 / 유지하다 / 얼어붙은

The Arctic is one of the coldest places on Earth. So Arctic animals keep themselves warm with feathers or fur. It is always frozen, so if you throw water in the air, it freezes right away.

북극은 지구상에서 가장 추운 곳 중 하나입니다. 그래서 북극의 동물은 깃털이나 털로 스스로를 따뜻하게 유지합니다. 그곳은 항상 얼어 있고, 그렇기 때문에 여러분이 공기 중에 물을 뿌린다면, 그것은 곧장 얼어 버립니다.

Vocabulary Focus

A 다음 단어를 알맞은 뜻과 연결하세요.

1. 추운 ···· **c.** 기온이 낮은

2. 대양 ···· **a.** 매우 넓은 바다

3. 동물 ···· **d.** 개, 고양이, 호랑이, 사자 등

4. (장소에) 닿다 ···· **b.** 위치 등에 도착하다

B 다음 빈칸에 알맞은 단어를 고르세요.

가장 추운 / 지역 / 얼어붙은 / 따뜻한

1. 북극은 언제나 얼어붙어 있습니다. [frozen]

2. 북극의 동물은 그들을 따뜻하게 유지해 주는 깃털이나 털을 가지고 있습니다. [warm]

3. 북극은 지구의 북극 주변 지역입니다. [area]

4. 북극은 지구상에서 가장 추운 곳 중 하나입니다. [coldest]

Grammar Focus

3인칭 단수 주어 + is

3인칭 단수 주어에는 he, she, it, this, that 등이 있으며, 사람이나 사물의 이름도 포함됩니다. 주어가 3인칭 단수일 때 be동사는 is를 씁니다. 1인칭 주어 I의 be동사는 am, 2인칭 주어 you의 be동사는 are입니다. 이처럼, be동사의 현재형은 am, are, is뿐입니다.

알맞은 단어를 고르세요.

1. 북극은 지구에서 가장 추운 곳 중 하나입니다. [is]

2. 그곳은 대양이지만 언제나 얼어 있습니다. [is / is]

Workbook 별책 p.2

A 그림에 알맞은 단어를 골라 쓰세요.

1. cold **2.** animal **3.** ocean

4. frozen **5.** feather **6.** fur

B 그림을 보고 알맞은 단어에 동그라미 하세요.

1. 그곳은 추운 지역입니다. [ⓑ]

2. 북극에서 물은 얼어 있습니다. [ⓐ]

3. 이 동물은 털을 가지고 있습니다. [ⓐ]

4. 풍선이 땅에 닿았습니다. [ⓐ]

p.20

| 본문 해석 | 식물

식물은 생물입니다. 식물은 자라고 변화합니다. 공기, 물, 햇빛, 그리고 공간이 식물이 살아 성장하는 것을 도와줍니다.

식물은 스스로 자신의 양분을 만듭니다.

대부분의 식물은 땅에서 자랍니다. 식물은 줄기, 뿌리, 그리고 잎을 가지고 있습니다. 줄기는 식물을 지탱해 줍니다.

뿌리는 땅속에서 식물을 지탱해 줍니다. 잎은 양분이나 물을 저장합니다.

| 정답 |

Comprehension Checkup Ⓐ **1.**b **2.**b **3.**c **4.**c Ⓑ **1.**T **2.**T

Vocabulary Focus Ⓐ **1.**c **2.**d **3.**a **4.**b

Ⓑ **1.**change **2.**food **3.**leaves **4.**hold

Grammar Focus **1.**Plants are living things. **2.** They are together now.

Summary change / space / roots / grow / ground

| 삽화 말풍선 문장 | p.20

① 식물은 생물이야.

② 식물은 스스로 자신의 양분을 만들어.

| Vocabulary | p.21

- plant 명 식물
- living 형 살아있는
- grow 동 자라다, 성장하다
- change 동 변하다
- space 명 공간
- food 명 양분, 먹이
- ground 명 땅
- stem 명 줄기
- root 명 뿌리
- leaf 명 잎, 나뭇잎

| Reading Focus | p.21

- 식물이 살아 성장하기 위해서 무엇이 필요한가요?
- 대부분의 식물은 무엇을 가지고 있나요?

| 본문 그림 자료 | p.22

- leaves 잎
- stem 줄기
- roots 뿌리

| 문제 정답 및 해석 | p.23

Comprehension Checkup

Ⓐ **가장 알맞은 답을 고르세요.**

1. 본문은 주로 무엇에 관한 글입니까? [b]

   a. 식물의 종류

   b. 식물의 생장과 각 부분

   c. 뿌리의 중요성

2. 식물은 왜 자라고 변화합니까? [b]

   a. 식물은 뿌리가 있기 때문에

   b. 식물은 생물이기 때문에

   c. 식물은 살기 위해 양분이 필요하기 때문에

3. 식물이 가지고 있지 않은 것은 무엇입니까? [c]

a. 줄기

b. 뿌리

c. 땅

4. 본문에서 무엇을 추론할 수 있습니까? [c]

a. 식물에게 뿌리보다 줄기가 더 중요합니다.

b. 모든 생물은 자신의 양분을 만듭니다.

c. 식물을 위해 양분을 만들어 줄 필요가 없습니다.

Ⓑ 맞는 문장은 T를, 맞지 않는 문장은 F를 고르세요.

1. 공기, 물, 햇빛은 식물이 살아 성장하도록 돕습니다. [T]

2. 식물은 양분 또는 물을 저장합니다. [T]

Vocabulary Focus

Ⓐ 다음 단어를 알맞은 뜻과 연결하세요.

1. 땅 ---- c. 땅 표면의 아래 또는 위에 있는 토양

2. 공간 ---- d. 비어 있거나 이용 가능한 지역

3. 살아 있는 ---- a. 지금 살아 있는

4. 양분, 먹이 ---- b. 생명체가 먹는 것

Ⓑ 다음 빈칸에 알맞은 단어를 고르세요.

지탱하다 / 변화하다 / 잎 / 양분

1. 식물은 자라고 변화합니다. [change]

2. 식물은 스스로 양분을 만듭니다. [food]

3. 식물은 줄기, 뿌리, 그리고 잎을 가지고 있습니다.

[leaves]

4. 줄기는 식물을 지탱해 줍니다. [hold]

Grammar Focus

복수 주어 + are

복수는 2개 이상의 사물이나 2명 이상의 사람을 말합니다. 복수를
나타내는 대명사로는 you(너희들), we(우리들), they(그것들/그

사람들), these(이것들/이 사람들), those(저것들/저 사람들) 등이
있는데, 주어가 복수일 때 be동사는 are를 씁니다.

밑줄 친 부분을 바르게 고쳐 문장을 다시 쓰세요.

1. [Plants are living things.]
식물은 생물입니다.

2. [They are together now.]
그들은 지금 함께 있습니다.

Summary

주어진 단어를 이용해 빈칸을 채워 본문을 요약하세요.

뿌리 / 변화하다 / 땅 / 성장하다 / 공간

Plants grow and change with the help of air, water,
sunlight, and space. Most plants need stems, roots,
and leaves to grow in the ground.

식물은 공기와 물, 햇빛, 그리고 공간의 도움을 받아 성장하고 변화
합니다. 대부분의 식물은 땅에서 성장하기 위해서 줄기와 뿌리, 그
리고 잎을 필요로합니다.

Workbook 별책 p.3

Ⓐ 그림에 알맞은 단어를 골라 쓰세요.

1. living **2.** ground **3.** food

4. stem **5.** root **6.** leaf

Ⓑ 그림을 보고 알맞은 단어에 동그라미 하세요.

1. 빈 공간을 보세요. [ⓑ]

2. 그는 식물에 물을 주고 있습니다. [ⓐ]

3. 이 동물은 색깔을 바꿀 수 있습니다. [ⓑ]

4. 그는 자랄 것입니다. [ⓐ]

| 본문 해석 | **동물**

동물의 종류는 여러가지입니다.

포유류, 조류, 파충류, 양서류, 어류, 그리고 곤충은 동물입니다. 대부분의 포유류는 머리카락이나 털을 가지고 있습니다. 조류에게는 깃털, 날개, 그리고 부리가 있습니다. 어떤 파충류는 건조한 피부나 (딱딱한) 껍데기를 가지고 있습니다. 대부분의 양서류는 매끈하고 축축한 피부를 가지고 있습니다. 어류는 지느러미로 수영할 수 있습니다. 곤충은 세 부분의 몸통과 여섯 개의 다리를 가지고 있습니다.

| 정답 |

Comprehension Checkup Ⓐ **1.** a **2.** c **3.** a **4.** a Ⓑ **1.** F **2.** F

Vocabulary Focus Ⓐ **1.** c **2.** a **3.** d **4.** b

　　　　　　　　　　　Ⓑ **1.** amphibians **2.** fur **3.** beaks **4.** fins

Grammar Focus 　**1.** have **2.** have **3.** have

Summary 　　　　kinds / Mammals / reptiles / animals / different

| 삽화 말풍선 문장 | p.26

① 대부분의 포유류는 머리카락이나 털을 가지고 있어.

② 어떤 파충류는 딱딱한 껍데기를 가지고 있어.

| Vocabulary | p.27

- mammal 명 포유류
- reptile 명 파충류
- amphibian 명 양서류
- fish 명 어류, 물고기
- insect 명 곤충
- beak 명 부리
- shell 명 (딱딱한) 껍데기
- damp 형 축축한
- fin 명 지느러미

| Reading Focus | p.27

- 새는 어떤 신체 부위를 가지고 있나요?
- 물고기는 어떻게 수영할 수 있나요?

| 본문 그림 자료 | p.28

Mammals 포유류

- lion 사자 · whale 고래 · pig 돼지

Reptiles 파충류

- crocodile 악어 · snake 뱀 · turtle 거북이

Fish 어류

- mackerel 고등어 · shark 상어 · eel 장어

Birds 조류

- eagle 독수리 · pigeon 비둘기 · woodpecker 딱따구리

Amphibians 양서류

- frog 개구리 · salamander 도롱뇽 · toad 두꺼비

Insects 곤충류

- bee 벌 · ant 개미 · butterfly 나비

| 문제 정답 및 해석 | p.29

Comprehension Checkup

Ⓐ **가장 알맞은 답을 고르세요.**

1. 본문은 주로 무엇에 관한 글입니까?　　　　　　　　[a]

　　a. 동물의 종류와 특징

　　b. 먹이 사슬

　　c. 천적

2. 어느 동물이 부리를 가지고 있습니까?　　　　　　　[c]

　　a. 양서류　　　　　**b.** 어류　　　　　**c.** 조류

3. 물고기는 무엇으로 수영할 수 있습니까?　　　　　　[a]

　　a. 지느러미　　　　**b.** 털　　　　　　**c.** 껍데기

4. 본문에서 무엇을 추론할 수 있습니까?　　　　　[a]

　　a. 토끼는 포유류에 속할 수 있습니다.

　　b. 파충류는 대개 크기가 작습니다.

　　c. 모든 종류의 동물은 많은 공통점을 가지고 있습니다.

B 맞는 문장은 T를, 맞지 않는 문장은 F를 고르세요.

1. 파충류는 날개로 날 수 있습니다.　　　　　[F]

2. 대부분의 포유류는 축축한 피부를 가지고 있습니다.　　[F]

Vocabulary Focus

A 다음 단어를 알맞은 뜻과 연결하세요.

1. 축축한 ---- **c.** 약간 젖어 있는

2. 지느러미 ---- **a.** 물고기가 수영하기 위해 사용하는 몸의 일부분

3. (딱딱한) 껍데기 ---- **d.** 동물의 딱딱한 바깥 부분

4. 부리 ---- **b.** 새의 딱딱하고 뾰족한 입

B 다음 빈칸에 알맞은 단어를 고르세요.

지느러미 / 털 / 양서류 / 부리

1. 대부분의 양서류는 축축한 피부를 가지고 있습니다.

　　　　　　　　　　　　　　　　[amphibians]

2. 대부분의 포유류는 털을 가지고 있습니다.　　[fur]

3. 조류는 깃털, 날개, 그리고 부리를 가지고 있습니다. [beaks]

4. 어류는 지느러미로 수영할 수 있습니다.　　　[fins]

Grammar Focus

복수 주어 + 동사원형(현재 시제)

동사에는 대표적으로 be동사와 일반동사가 있습니다. am, are, is 외의 나머지 동사들은 일반동사라고 합니다. 현재 시제의 문장에서 주어가 복수일 때 일반동사는 동사원형을 씁니다. 동사원형이란, 동사가 변형되지 않은 원래의 형태를 말합니다.

알맞은 단어를 고르세요.

1. 대부분의 포유류는 털을 가지고 있습니다.　　[have]

2. 곤충은 세 부분의 몸과 여섯 개의 다리가 있습니다.　[have]

3. 내 친구들은 스마트폰을 가지고 있는데 나는 가지고 있지 않습니다.　　　　　　　　　　　　　　　[have]

Summary

주어진 단어를 이용해 빈칸을 채워 본문을 요약하세요.

동물 / 종류 / 다른 / 포유류 / 파충류

There are many kinds of animals. Mammals, birds, reptiles, amphibians, fish, and insects are animals. Animals have different and special body parts to survive.

동물은 종류가 여러가지입니다. 포유류와 조류, 파충류, 양서류, 어류, 그리고 곤충은 동물입니다. 동물은 살아남기 위해 각각 다르고 특별한 신체 부위를 가지고 있습니다.

Workbook 별책 p.4

A 그림에 알맞은 단어를 골라 쓰세요.

1. fin　　　**2.** beak　　　**3.** insect

4. damp　　**5.** shell　　　**6.** fish

B 그림을 보고 알맞은 단어에 동그라미 하세요.

1. 고래는 포유류입니다.　　　　　　　[ⓐ]

2. 거북이는 파충류입니다.　　　　　　[ⓑ]

3. 개구리와 두꺼비는 양서류입니다.　　[ⓐ]

4. 어류는 헤엄치기 위한 지느러미를 가지고 있습니다.　[ⓐ]

| 본문 해석 | **풀**

풀은 식물의 한 종류입니다. 풀은 바람의 도움을 받아 꽃가루와 씨를 퍼뜨립니다.

사람들은 풀을 오랫동안 이용해 왔습니다. 사람들은 풀의 일부를 먹습니다. 옥수수, 밀, 보리, 귀리, 그리고 쌀이 식량으로 사용됩니다.

그것들은 또한 다양한 음료를 만드는 데 사용되기도 합니다.

| 정답 |

Comprehension Checkup Ⓐ **1.** a **2.** c **3.** c **4.** c Ⓑ **1.** F **2.** F

Vocabulary Focus Ⓐ **1.** c **2.** a **3.** b **4.** d

Ⓑ **1.** plant **2.** drinks **3.** parts **4.** used

Grammar Focus **1.** is **2.** eat **3.** wake

Summary plant / seeds / wind / food / grasses

| 삽화 말풍선 문장 | p.32

① 풀은 자신의 꽃가루와 씨앗을 퍼뜨려야 해.

② 사람들은 풀의 일부를 먹어.

| Vocabulary | p.33

• spread 동 퍼뜨리다, 확산시키다

• pollen 명 꽃가루

• seed 명 씨, 씨앗

• corn 명 옥수수

• wheat 명 밀

• barley 명 보리

• oats 명 귀리

• use 동 이용하다, 사용하다

• drink 명 음료

| Reading Focus | p.33

• 풀의 꽃가루와 씨는 어떻게 퍼지나요?

• 어떤 종류의 풀들이 식량으로 사용되나요?

| 본문 그림 자료 | p.34

• corn 옥수수   • wheat 밀

• barley 보리   • oats 귀리

| 문제 정답 및 해석 | p.35

Comprehension Checkup

Ⓐ **가장 알맞은 답을 고르세요.**

1. 본문은 주로 무엇에 관한 글입니까? [a]

a. 사람을 위한 풀의 생장과 사용

b. 음료를 만드는 데 사용되는 풀

c. 풀을 재배하는 방법

2. 사람들은 풀을 얼마 동안 이용해 왔습니까? [c]

a. 그들은 짧은 기간 동안 풀을 이용해 왔습니다.

b. 그들은 풀을 막 이용하기 시작했습니다.

c. 그들은 오랫동안 풀을 이용해 왔습니다.

3. 옥수수, 밀, 보리, 귀리, 그리고 쌀은 무엇입니까? [c]

a. 그것들은 우리가 먹을 수 없는 풀입니다.

b. 그것들은 음료의 종류입니다.

c. 그것들은 우리가 먹을 수 있는 풀의 종류입니다.

4. 본문에서 무엇을 추론할 수 있습니까? [c]

a. 풀의 씨앗을 먹는 것은 위험합니다.

b. 옥수수는 주로 음료를 만드는 데 사용됩니다.

c. 사람들은 풀을 먹는 다양한 방법을 찾기 위해 노력해왔습니다.

B 맞는 문장은 T를, 맞지 않는 문장은 F를 고르세요.

1. 풀은 <u>스스로</u> 씨를 퍼뜨립니다. [F]

2. 사람들은 모든 종류의 풀을 다 먹습니다. [F]

Vocabulary Focus

A 다음 단어를 알맞은 뜻과 연결하세요.

1. 옥수수 ---- **c.** 노란색의 큰 씨가 있는 키가 큰 식물

2. 퍼뜨리다 ---- **a.** 넓은 지역에 걸쳐 위치시키다

3. 꽃가루 ---- **b.** 꽃이 만들어 내는 가루

4. 씨 ---- **d.** 새로운 식물이 자라는 작고 단단한 것

B 다음 빈칸에 알맞은 단어를 고르세요.

음료 / 이용되는 / 식물 / 일부

1. 풀은 <u>식물</u>의 한 종류입니다. [plant]

2. 풀은 또한 다양한 <u>음료</u>를 만드는 데 사용되기도 합니다. [drinks]

3. 사람들은 풀의 <u>일부</u>를 먹습니다. [parts]

4. 옥수수, 밀, 보리는 식량으로 <u>이용됩니다</u>. [used]

Grammar Focus

변함없이 일어나는 일에는 현재 시제

현재 시제는 항상 변함없이 일어나는 일을 말할 때 사용합니다. 태양은 동쪽에서 떠서 서쪽으로 집니다. 우리는 늘 아침에 일어나죠. 이렇게 늘 일어나는 일 또는 습관 등을 말할 때는 현재 시제의 동사를 씁니다.

알맞은 단어를 고르세요.

1. 풀은 식물의 한 종류입니다. [is]

2. 사람들은 풀의 일부를 <u>먹습니다</u>. [eat]

3. 나는 매일 아침 일곱시에 <u>일어납니다</u>. [wake]

Summary

주어진 단어를 이용해 빈칸을 채워 본문을 요약하세요.

씨앗 / 식물 / 식량 / 바람 / 풀

Grass is a plant that spreads its pollen and seeds through the wind. Some grasses are used as food. People eat parts of grasses.

풀은 <u>바람</u>을 통해 꽃가루와 씨를 퍼뜨리는 <u>식물</u>의 한 종류입니다. 어떤 풀은 <u>식량</u>으로 사용됩니다. 사람들은 풀의 일부를 먹습니다.

Workbook 별책 p. 5

A 그림에 알맞은 단어를 골라 쓰세요.

1. drink **2.** corn **3.** seed

4. spread **5.** wheat **6.** pollen

B 그림을 보고 알맞은 단어에 동그라미 하세요.

1. 꽃가루가 공기 중에 있습니다. [ⓐ]

2. 귀리는 건강에 좋습니다. [ⓑ]

3. 푸른 보리밭을 보세요. [ⓐ]

4. 점토는 그릇을 만드는 데 사용됩니다. [ⓑ]

p.38

| 본문 해석 | **사막**

사막은 지구상에서 가장 건조한 곳입니다. 사막에는 비가 거의 내리지 않습니다. 그러나 사막에는 거대한 모래 폭풍이 자주 있습니다. 많은 사막들이 덥지만, 남극 대륙과 같이 아주 추운 곳일 수도 있습니다. 여러분은 이 추운 곳에서 심지어 거대한 눈보라를 볼 수도 있습니다. 낮에는 많은 사막들이 매우 덥습니다. 밤에는 그 사막들이 아주 추워질 수도 있습니다.

| 정답 |

Comprehension Checkup Ⓐ **1.** a **2.** b **3.** c **4.** a Ⓑ **1.** F **2.** T

Vocabulary Focus Ⓐ **1.** c **2.** b **3.** d **4.** a

Ⓑ **1.** driest **2.** rainfall **3.** cold **4.** hot

Grammar Focus **1.** Deserts are the driest places on Earth.

2. He is the tallest boy in my class.

Summary driest / Earth / rainfall / hot / night

| 삽화 말풍선 문장 | p.38

① 사막에는 비가 거의 오지 않아.

② 사막은 매우 추울 수도 있어.

| Vocabulary | p.39

• desert 명 사막
• dry 형 건조한, 마른
• hardly 부 거의 ~하지 않다
• rainfall 명 강우량, 강우
• huge 형 거대한, 큰
• sandstorm 명 모래 폭풍
• Antarctica 명 남극 대륙
• snowstorm 명 눈보라

| Reading Focus | p.39

• 사막은 무엇인가요?
• 사막의 날씨는 어떤가요?

| 본문 그림 자료 | p.40

• desert in daytime 낮의 사막
• desert at night 밤의 사막

| 문제 정답 및 해석 | p.41

Comprehension Checkup

Ⓐ **가장 알맞은 답을 고르세요.**

1. 본문은 주로 무엇에 관한 글입니까? [a]

　　a. 사막이 어떤 곳인지

　　b. 모래 폭풍이 얼마나 위험한지

　　c. 사막이 얼마나 더운지

2. 사막은 왜 건조합니까? [b]

　　a. 왜냐하면 날씨가 빠르게 변하기 때문입니다.

　　b. 왜냐하면 비가 거의 오지 않기 때문입니다.

　　c. 왜냐하면 폭풍이 너무 자주 오기 때문입니다.

3. 사막에 관해 무엇이 사실입니까? [c]

　　a. 모든 사막은 항상 덥습니다.

　　b. 모든 사막은 항상 춥습니다.

　　c. 많은 사막이 덥지만, 또한 매우 추운 곳일 수도 있습니다.

4. 사막에 종종 무엇이 있습니까? [a]

　　a. 거대한 모래 폭풍

　　b. 폭풍우

c. 많은 식물

B 맞는 문장은 T를, 맞지 않는 문장은 F를 고르세요.

1. 사막에는 비가 심하게 내립니다. [F]

2. 사막에서는 거대한 모래 폭풍을 볼 수 있습니다. [T]

Vocabulary Focus

A 다음 단어를 알맞은 뜻과 연결하세요.

1. 건조한 - - - - **c.** 비가 거의 오지 않는

2. 강우량 - - - - **b.** 비의 양

3. 눈보라 - - - - **d.** 강한 바람과 많은 눈을 몰고 오는 폭풍

4. 거대한 - - - - **a.** 매우 큰

B 다음 빈칸에 알맞은 단어를 고르세요.

강우량 / 더운 / 가장 건조한 / 추운

1. 사막은 지구상에서 가장 건조한 곳입니다. [driest]

2. 사막은 강우량이 거의 없습니다. [rainfall]

3. 많은 사막이 덥지만, 아주 추운 곳이 될 수도 있습니다. [cold]

4. 낮에는 많은 사막이 매우 덥습니다. [hot]

Grammar Focus

형용사의 최상급

형용사 + -(e)st

최상급은 셋 이상의 대상 중에 어떤 것이 '가장 ~하다'라고 말할 때 씁니다. 최상급을 만들 때는 형용사 뒤에 -(e)st를 붙이면 됩니다. 단어 끝이 -y로 끝날 때는 y를 i로 고치고 -est를 붙여 씁니다. 최상급 앞에는 반드시 the를 붙입니다. 예를 들어, dry(건조한)의 최상급은 the driest(가장 건조한)가 됩니다.

보기와 같이 문장을 바꿔 쓰세요.

1. [Deserts are the driest places on Earth.]
사막은 지구상에서 가장 건조한 곳입니다.

2. [He is the tallest boy in my class.]
그는 우리 반에서 키가 제일 큰 소년입니다.

Summary

주어진 단어를 이용해 빈칸을 채워 본문을 요약하세요.

밤 / 거의 ~ 않다 / 가장 건조한 / 지구 / 더운

Deserts are the driest places on Earth. They have very small rainfall. During the day, many deserts are very hot. At night, they can get very cold.

사막은 지구상에서 가장 건조한 곳입니다. 사막에는 강우량이 매우 적습니다. 낮 동안에는 많은 사막이 매우 덥습니다. 밤에는 매우 추워질 수 있습니다.

Workbook 별책 p.6

A 그림에 알맞은 단어를 골라 쓰세요.

1. snowstorm **2.** desert **3.** rainfall

4. dry **5.** huge **6.** sandstorm

B 그림을 보고 알맞은 단어에 동그라미 하세요.

1. 그는 거대한 산을 보고 있습니다. [ⓑ]

2. 남극 대륙은 매우 춥습니다. [ⓐ]

3. 그는 냄새를 참을 수 없습니다. [ⓑ]

4. 증가한 강우량이 소녀를 행복하게 합니다. [ⓐ]

p.44

| 본문 해석 | **대양**

대양은 소금물로 이루어진 거대한 바다 구역입니다. 대양은 아주 크며, 더 작은 바다들을 하나로 연결합니다. 모든 대양은 연결되어 있습니다. 대양은 우리 행성의 70% 이상을 차지하고 있습니다. 가장 큰 대양은 태평양입니다. 태평양은 지구 표면의 1/3을 차지합니다. 가장 작은 대양은 북극해입니다.

| 정답 |

Comprehension Checkup Ⓐ **1.** c **2.** b **3.** b **4.** b Ⓑ **1.** T **2.** F

Vocabulary Focus Ⓐ **1.** b **2.** a **3.** c **4.** d

Ⓑ **1.** salt **2.** join **3.** cover **4.** smallest

Grammar Focus **1.** They join smaller seas together. **2.** I want to be smarter.

Summary salt / seas / planet / largest / smallest

| 삽화 말풍선 문장 | p.44

① 대양은 우리 행성의 70% 이상을 차지해.

② 바닷물은 짜.

| Vocabulary | p.45

· area 명 구역, 지역
· salt 명 소금
· join 동 연결하다, 결합하다
· cover 동 걸치다, 차지하다
· planet 명 행성
· surface 명 표면

| Reading Focus | p.45

· 대양은 무엇인가요?
· 가장 큰 대양은 무엇인가요?

| 본문 그림 자료 | p.46

· Arctic Ocean 북극해
· Pacific Ocean 태평양
· Indian Ocean 인도양
· Atlantic Ocean 대서양
· Antarctic Ocean 남극해

· Europe 유럽
· Africa 아프리카
· Asia 아시아
· Australia 호주
· North America 북아메리카
· South America 남아메리카

| 문제 정답 및 해석 | p.47

Comprehension Checkup

Ⓐ **가장 알맞은 답을 고르세요.**

1. 본문은 주로 무엇에 관한 글입니까? [c]
   a. 대양이 어떻게 만들어 지는지
   b. 지구에 있는 대양의 위치
   c. 대양의 특징과 크기

2. 대양에 관해 무엇이 사실입니까? [b]
   a. 대양은 작은 바다 소금물 구역입니다.
   b. 대양은 거대한 바다 소금물 구역입니다.
   c. 대양은 작은 담수 구역입니다.

3. 대양은 우리 행성의 얼마를 차지하고 있습니까? [b]

   a. 30% 이하

   b. 70% 이상

   c. 100%

4. 본문에서 무엇을 추론할 수 있습니까? [b]

   a. 건조한 땅은 우리 행성의 30%보다 적게 차지합니다.

   b. 대양이 바다보다 큽니다.

   c. 태평양은 북극해보다 두 배 더 큽니다.

Ⓑ 맞는 문장은 T를, 맞지 않는 문장은 F를 고르세요.

1. 북극해는 가장 작은 대양입니다. [T]

2. 태평양은 지구 표면의 3분의 2를 덮고 있습니다. [F]

Vocabulary Focus

Ⓐ 다음 단어를 알맞은 뜻과 연결하세요.

1. 결합하다 ---- b. 사물을 하나로 연결하다

2. 걸치다, 차지하다 ---- a. ~에 펼쳐지다

3. 표면 ---- c. 어떤 것의 맨 위층

4. 행성 ---- d. 우주에 있는 매우 크고 둥근 물체

Ⓑ 다음 빈칸에 알맞은 단어를 고르세요.

결합하다 / 가장 작은 / 소금 / 차지하다

1. 대양은 소금물로 이루어진 거대한 구역입니다. [salt]

2. 대양은 작은 바다들을 하나로 연결합니다. [join]

3. 대양은 우리 행성의 70% 이상을 차지하고 있습니다. [cover]

4. 가장 작은 대양은 북극해입니다. [smallest]

Grammar Focus

형용사의 비교급

형용사 + -(e)r

두 개의 대상을 비교할 때는 비교급을 씁니다. 비교급을 만들 때

는 형용사 뒤에 -(e)r을 붙이면 됩니다. 예를 들어 long은 longer, tall은 taller가 됩니다.

보기와 같이 문장을 바꿔 쓰세요.

1. [They join smaller seas together.]

   그들은 더 작은 바다들을 하나로 연결합니다.

2. [I want to be smarter.]

   난 더 똑똑해지고 싶습니다.

Summary

주어진 단어를 이용해 빈칸을 채워 본문을 요약하세요.

행성 / 소금 / 가장 큰 / 가장 작은 / 바다들

Oceans have salt water. Oceans join smaller seas together. Oceans cover over 70% of our planet. The Pacific Ocean is the largest ocean, and the Arctic Ocean is the smallest one.

대양에는 소금물이 있습니다. 대양은 작은 바다들을 하나로 결합합니다. 대양은 우리 행성의 70% 이상을 차지하고 있습니다. 태평양이 가장 큰 대양이고, 북극해가 가장 작은 대양입니다.

Workbook　　　　　　　별책 p. 7

Ⓐ 그림에 알맞은 단어를 골라 쓰세요.

1. cover　　**2.** planet　　**3.** salt

4. join　　**5.** surface　　**6.** area

Ⓑ 그림을 보고 알맞은 단어에 동그라미 하세요.

1. 이것은 대양입니다. [ⓐ]

2. 우리는 소금물에서 문어를 발견할 수 있습니다. [ⓐ]

3. 그녀는 두 조각을 연결하고 있습니다. [ⓑ]

4. 그는 달 표면에서 걷고 있습니다. [ⓐ]

| 정답 |

Review Vocabulary Test

Ⓐ **1.** seed / 씨 **2.** food / 양분, 먹이 **3.** dry / 건조한 **4.** damp / 축축한

Ⓑ **1.** fins **2.** leaves **3.** join **4.** warm

Ⓒ

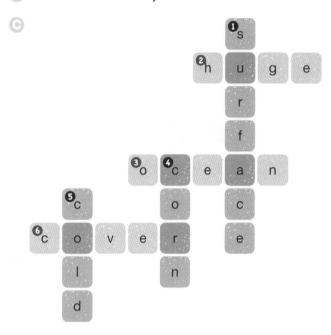

Review Grammar Test

Ⓐ **1.** are **2.** have **3.** is **4.** driest

Ⓑ **1.** Arctic animals have feathers or fur to keep them warm.

　2. Most plants grow in the ground.

　3. The smallest ocean is the Arctic Ocean.

Review Vocabulary Test

A 알맞은 단어와 우리말 뜻을 쓰세요.

1. 새로운 식물이 자라나는 작은 물체   [seed / 씨]

2. 생명체가 먹는 것   [food / 양분, 먹이]

3. 비가 거의 오지 않는   [dry / 건조한]

4. 약간 젖어 있는   [damp / 축축한]

B 다음 빈칸에 알맞은 단어를 고르세요.

따뜻한 / 연결하다 / 잎 / 지느러미

1. 물고기는 지느러미로 수영할 수 있습니다.   [fins]

2. 식물은 줄기, 뿌리, 그리고 잎을 갖고 있습니다.   [leaves]

3. 대양은 작은 바다들을 하나로 연결합니다.   [join]

4. 북극 동물들은 스스로를 따뜻하게 유지하는 깃털이나 털을 가지고 있습니다.   [warm]

C 크로스워드 퍼즐을 완성하세요.

가로

2 매우 큰   [huge]

3 큰 바다   [ocean]

6 ~에 펼쳐지다   [cover]

세로

1 어떤 것의 맨 위층   [surface]

4 노란색의 큰 씨가 있는 키가 큰 식물   [corn]

5 기온이 낮은   [cold]

Review Grammar Test

A 알맞은 단어를 고르세요.

1. 낮 동안에는 많은 사막이 매우 덥습니다.   [are]

2. 대부분의 양서류는 매끈하고 축축한 피부를 가지고 있습니다.   [have]

3. 대양은 소금물로 이루어진 거대한 바다 구역입니다.   [is]

4. 사막은 지구상에서 가장 건조한 곳입니다.   [driest]

B 밑줄 친 부분을 바르게 고친 다음 문장을 다시 쓰세요.

1. [Arctic animals have feathers or fur to keep them warm.]
북극 동물들은 스스로를 따뜻하게 유지하는 깃털이나 털을 가지고 있습니다.

2. [Most plants grow in the ground.]
대부분의 식물은 땅에서 자랍니다.

3. [The smallest ocean is the Arctic Ocean.]
가장 작은 대양은 북극해입니다.

p.54

| 본문 해석 | **가족**

가정에서 우리는 집안일을 함께 하고 서로를 돌봐 줍니다. 두 유형의 가족이 있습니다: 핵가족과 대가족입니다. 핵가족은 아버지, 어머니, 그리고 한 명이나 그 이상의 자녀로 구성됩니다. 대가족은 부모와 자녀 그 이상을 포함합니다. 대가족은 조부모, 삼촌 등을 포함합니다.

| 정답 |

Comprehension Checkup Ⓐ **1.** a **2.** b **3.** c **4.** b　Ⓑ **1.** T **2.** T

Vocabulary Focus Ⓐ **1.** a **2.** d **3.** b **4.** c

　　　　　　　　　　Ⓑ **1.** share **2.** care **3.** children **4.** uncles

Grammar Focus 　　**1.** includes **2.** consists **3.** freezes

Summary 　　　　share / care / consists / children / Grandparents

| 삽화 말풍선 문장 | p.54

① 가족은 집안일을 함께 해.

② 핵가족과 대가족이 있어.

| Vocabulary | p.55

• share 통 함께 하다, 공유하다

• housework 명 집안일, 가사

• nuclear family 명 핵가족

• extended family 명 대가족

• consist of ~로 구성되다

• children 명 아이들(child의 복수형)

• include 통 포함하다

• parents 명 부모

• grandparents 명 조부모

• uncle 명 삼촌, 숙부

| Reading Focus | p.55

• 누가 핵가족에 속하나요?

• 누가 대가족에 속하나요?

| 본문 그림 자료 | p.56

Nuclear Family 핵가족

• father 아버지　• mother 어머니

• son 아들　　　• daughter 딸

Extended Family 대가족

• grandfather 할아버지　• grandmother 할머니

| 문제 정답 및 해석 | p.57

Comprehension Checkup

Ⓐ **가장 알맞은 답을 고르세요.**

1. 본문은 주로 무엇에 관한 글입니까?　　　　　　[a]

　　a. 가족의 유형

　　b. 가족의 행복

　　c. 가족 구성원을 돌보는 방법

2. 우리는 가정에서 무엇을 합니까?　　　　　　　[b]

　　a. 다른 가족들을 돌봅니다.

　　b. 집안일을 함께 합니다.

　　c. 우리의 조부모님과 항상 함께 삽니다.

3. 누가 핵가족의 구성원입니까?　　　　　　　　[c]

　　a. 조부모　　**b.** 선생님　　**c.** 부모

4. 누가 대가족에 속하지 않습니까?　　　　　　[b]

a. 어머니   b. 친구   c. 자녀

B 맞는 문장은 T를, 맞지 않는 문장은 F를 고르세요.

1. 사람들은 가정에서 서로를 돌봅니다.   [T]
2. 핵가족은 아버지, 어머니, 그리고 자녀로 구성됩니다.   [T]

Vocabulary Focus

A 다음 단어를 알맞은 뜻과 연결하세요.

1. 집안일 ---- a. 빨래, 청소 등
2. ~로 구성되다 ---- d. ~로 이루어지다
3. 조부모 ---- b. 아버지 또는 어머니의 부모님
4. 함께 하다 ---- c. 어떤 것을 다른 사람과 함께 소유하거나 사용하다

B 다음 빈칸에 알맞은 단어를 고르세요.

자녀들 / 삼촌 / 함께 한다 / 돌봄

1. 가족 구성원은 집안일을 함께 합니다.   [share]
2. 가정에서 우리는 서로를 돌봐 줍니다.   [care]
3. 핵가족은 아버지, 어머니, 그리고 자녀들로 구성됩니다.
                                              [children]
4. 대가족은 부모, 자녀, 조부모, 삼촌 등을 포함합니다.
                                              [uncles]

Grammar Focus

3인칭 단수 주어 + [동사원형 + -(e)s]

주어가 3인칭 단수일 때는 동사의 원형에 -(e)s를 붙입니다. 3인칭이란 1인칭인 '나', '우리', 2인칭인 '너', '너희들'을 제외한 나머지를 가리킵니다. family, group 등의 집합명사는 단수와 복수 모두 가능하지만, 그 집단을 하나의 단위로 볼 때는 단수 취급합니다.

알맞은 단어를 고르세요.

1. 대가족은 부모와 자녀 그 이상을 포함합니다. 그것은 조부모, 삼촌 등을 포함합니다.

해설 집합명사로 쓰인 family는 단수 취급합니다.
                                              [includes]

2. 핵가족은 아버지, 어머니, 그리고 한 명 또는 그 이상의 아이들로 구성됩니다.
   해설 집합명사로 쓰인 family는 단수 취급합니다.
                                              [consists]

3. 물 한 컵은 냉동고 안에서 얼어 버립니다.
   해설 물질명사 water 앞에 붙은 세는 단위가 단수인 a cup이므로 역시 3인칭 단수형 동사가 필요합니다.   [freezes]

Summary

주어진 단어를 이용해 빈칸을 채워 본문을 요약하세요.

자녀 / 구성된다 / 함께 한다 / 돌봄 / 조부모

In families, we share housework and take care of one another. A nuclear family consists of a father, a mother, and children. Grandparents are in an extended family.

가족은 집안일을 함께 하고, 서로를 돌봐 줍니다. 핵가족은 아버지, 어머니, 그리고 자녀들로 구성됩니다. 조부모는 대가족에 들어갑니다.

Workbook   별책 p. 8

A 그림에 알맞은 단어를 골라 쓰세요.

1. uncle   2. share   3. housework
4. parents   5. children   6. grandparents

B 그림을 보고 알맞은 단어에 동그라미 하세요.

1. 이것은 대가족입니다.   [ⓑ]
2. 핵가족이 더 흔합니다.   [ⓐ]
3. 그 팀은 다섯 명의 선수로 구성되어 있습니다. [ⓐ]
4. 샌드위치는 빵, 치즈, 햄을 포함합니다.   [ⓑ]

p.60

| 본문 해석 | **집**

모든 사람들은 날씨로부터 스스로를 보호하기 위해 집을 필요로 합니다. 주거지는 또한 안전과 쉴 장소를 제공합니다.
추운 지역에서는 바람과 눈을 막기 위해 집이 지어집니다. 그런 집들은 겨울에 사람들이 따뜻하게 지낼 수 있도록 도와줍니다.
더운 지역에서는 태양을 피하고 미풍이 들어오게 하기 위해 집이 지어집니다.

| 정답 |

Comprehension Checkup Ⓐ **1.** a　**2.** a　**3.** c　**4.** c　Ⓑ **1.** T　**2.** F

Vocabulary Focus Ⓐ **1.** d　**2.** a　**3.** b　**4.** c

Ⓑ **1.** weather　**2.** provide　**3.** snow　**4.** warm

Grammar Focus **1.** shelter　**2.** keep　**3.** buy

Summary shelter / warm / hot / sun / breezes

| 삽화 말풍선 문장 | p.60

① 주거지는 안전을 제공해.

② 날씨에 따라서 집은 달라.

| Vocabulary | p.61

- shelter 图 보호하다 图 주거지, 은신처
- weather 图 날씨
- provide 图 제공하다
- safety 图 안전
- rest 图 쉬다
- build 图 건설하다, 짓다 (build–built–built)
- keep out 막다
- stay 图 머물다, 유지하다
- breeze 图 미풍, 산들바람

| Reading Focus | p.61

- 주거지는 무엇을 제공해 주나요?
- 집은 추운 지역과 더운 지역에서 무엇을 막아 주나요?

| 본문 그림 자료 | p.62

- a house in a cold land 추운 지역의 집
- a house in a hot land 더운 지역의 집

| 문제 정답 및 해설 | p.63

Comprehension Checkup

Ⓐ 가장 알맞은 답을 고르세요.

1. 본문은 주로 무엇에 관한 글입니까?　[a]

　a. 사람들에게 집이 필요한 이유

　b. 집이 존재하기 시작한 시기

　c. 사람들이 집을 짓는 방법

2. 추운 지역에서는 집이 무엇을 막아 줍니까?　[a]

　a. 바람과 눈

　b. 태양과 미풍

　c. 바람과 비

3. 더운 지역에는 집이 왜 지어집니까?　[c]

　a. 따뜻하게 지내기 위해

　b. 눈을 막기 위해

　c. 미풍이 들어오게 하기 위해

4. 본문에서 무엇을 추론할 수 있습니까?　[c]

　a. 더운 지역에서는 추위를 막기 위해 집이 지어집니다.

　b. 추운 지역에서보다 더운 지역에 더 많은 주거지가 있습니다.

　c. 집을 지을 때 날씨는 중요한 요소입니다.

B 맞는 문장은 T를, 맞지 않는 문장은 F를 고르세요.

1. 집은 날씨로부터 사람들을 보호해 줍니다.   [T]

2. 추운 지역에서는 태양을 피하기 위해 집이 지어집니다.   [F]

Vocabulary Focus

A 다음 단어를 알맞은 뜻과 연결하세요.

1. 보호하다 ---- d. 어떤 사람이나 어떤 것을 지키다

2. 제공하다 ---- a. 누군가에게 필요한 것을 주다

3. 안전 ---- b. 위험으로부터 안전한 상태

4. 쉬다 ---- c. 일하던 것을 멈추고 휴식을 취하다

B 다음 빈칸에 알맞은 단어를 고르세요.

제공하다 / 날씨 / 따뜻한 / 눈

1. 모든 사람들은 날씨로부터 스스로를 보호하기 위해 집을 필요로 합니다.   [weather]

2. 주거지는 안전과 쉴 곳을 제공합니다.   [provide]

3. 추운 지역에서는 바람과 눈을 막기 위해 집이 지어집니다.   [snow]

4. 집은 사람들이 겨울에 따뜻하게 지내도록 도와줍니다. [warm]

Grammar Focus

목적을 나타내는 to부정사

to부정사는 〈to + 동사원형〉의 형태로, 문장에서 명사, 형용사, 부사의 역할을 할 수 있습니다. 그 중에서도, '~하기 위해'처럼 목적을 나타내는 to부정사는 문장에서 부사의 역할을 합니다.

알맞은 단어를 고르세요.

1. 모든 사람들은 스스로를 보호하기 위해 집이 필요합니다.
                                             [shelter]

2. 추운 지역에서는 바람과 눈을 막기 위해 집이 지어집니다.
                                             [keep]

3. 나는 과일을 사기 위해 시장에 갔습니다.   [buy]

Summary

주어진 단어를 이용해 빈칸을 채워 본문을 요약하세요.

더운 / 보호하다 / 따뜻한 / 미풍 / 태양

Homes shelter people from the weather. In cold lands, houses keep out the wind and snow to keep people warm. In hot lands, they are built to keep out the sun and to let in breezes.

집은 날씨로부터 사람들을 보호합니다. 추운 지역에서는 집이 바람과 눈을 막아 사람들을 따뜻하게 합니다. 더운 지역에서는 태양을 피하고 미풍이 들어오도록 하기 위해 지어집니다.

Workbook   별책 p. 9

A 그림에 알맞은 단어를 골라 쓰세요.

1. provide   **2.** weather   **3.** rest

4. build   **5.** shelter   **6.** breeze

B 그림을 보고 알맞은 단어에 동그라미 하세요.

1. 그녀는 건강을 유지하길 원합니다.   [ⓐ]

2. 그들은 담요로 추위를 막습니다.   [ⓐ]

3. 이것은 안전 체크리스트입니다.   [ⓑ]

4. 산들바람이 연을 날게 합니다.   [ⓐ]

p.66

| 본문 해석 | **교통수단**

교통수단은 사람이나 물건을 한 장소에서 또 다른 장소로 옮깁니다. 버스와 기차는 교통수단의 한 종류입니다.

교통수단의 필요는 항상 변하고 있습니다. 교통수단의 속도와 다양성은 과거보다 더 중요합니다. 배와 비행기는 변화해 왔습니다.

배는 과거보다 더 빨라졌습니다. 비행기는 모양과 크기에 있어서 더 다양합니다.

| 정답 |

Comprehension Checkup　Ⓐ **1.** a　**2.** c　**3.** b　**4.** b　Ⓑ **1.** T　**2.** F

Vocabulary Focus　Ⓐ **1.** b　**2.** c　**3.** d　**4.** a

　　　　　　　　　　Ⓑ **1.** moves　**2.** trains　**3.** changing　**4.** varied

Grammar Focus　**1.** more important　**2.** more varied　**3.** taller

　　　　　　　　4. shorter　**5.** more beautiful　**6.** smarter

Summary　moves / place / changing / variety / important

| 삽화 말풍선 문장 | p.66

① 교통수단은 사람이나 물건을 옮겨.

② 교통수단의 종류는 많아.

| **Vocabulary** | p.67

- transportation 몡 교통수단, 운송 수단
- move 됭 옮기다, 운반하다
- speed 몡 속도
- variety 몡 다양성, 여러 가지
- past 몡 과거
- ship 몡 배
- plane 몡 비행기
- varied 혱 다양한

| **Reading Focus** | p.67

- 교통수단이 왜 중요한가요?
- 배와 비행기는 어떻게 변화해 왔나요?

| 본문 그림 자료 | p.68

Transportation 교통수단

- bus 버스
- bicycle 자전거
- helicopter 헬리콥터
- plane 비행기
- car 자동차
- ship 배
- train 기차
- truck 트럭

| 문제 정답 및 해석 | p.69

Comprehension Checkup

Ⓐ **가장 알맞은 답을 고르세요.**

1. 본문은 주로 무엇에 관한 글입니까?　　　　　　[a]

　a. 교통수단의 정의와 그것이 변해 온 과정

　b. 교통수단의 중요성

　c. 교통수단의 악영향

2. 교통수단은 사람들을 위해 무엇을 합니까?　　　[c]

　a. 교통수단은 사람들에게 음식을 만들어 줍니다.

　b. 교통수단은 사람들이 집안일을 하도록 돕습니다.

　c. 교통수단은 사람들을 한 장소에서 또 다른 장소로 옮겨
　　줍니다.

3. 오늘날의 교통수단과 관련하여 맞는 말은 무엇입니까?　[b]

　a. 사람들을 한 장소에서 또 다른 장소로 옮기지 않습니다.

　b. 교통수단의 필요는 늘 변하고 있습니다.

c. 교통수단의 필요는 절대 변하지 않습니다.

4. 배는 어떻게 변화해 왔습니까? [b]

  a. 배는 전보다 더 작습니다.

  b. 배는 전보다 더 빠릅니다.

  c. 배는 전보다 덜 중요합니다.

Ⓑ 맞는 문장은 T를, 맞지 않는 문장은 F를 고르세요.

1. 기차는 교통수단의 한 종류입니다. [T]

2. 비행기는 과거보다 모양과 크기 면에서 덜 다양합니다. [F]

Vocabulary Focus

Ⓐ 다음 단어를 알맞은 뜻과 연결하세요.

1. 옮기다 ---- **b.** 어떤 물건이나 사람을 한 곳에서 또 다른
곳으로 가져가다

2. 다양성 ---- **c.** 다양한 형태 또는 종류

3. 비행기 ---- **d.** 하늘을 나는 교통 수단

4. 속도 ---- **a.** 빠른 것의 질(정도)

Ⓑ 다음 빈칸에 알맞은 단어를 고르세요.

다양한 / 변화하고 있는 / 옮기다 / 기차

1. 교통수단은 사람들을 한 장소에서 또 다른 장소로 옮깁니다.
  [moves]

2. 버스와 기차는 교통수단의 한 종류입니다. [trains]

3. 교통수단의 필요는 늘 변화하고 있습니다. [changing]

4. 비행기는 모양과 크기에 있어서 더 다양합니다. [varied]

Grammar Focus

형용사의 비교급

형용사 + -(e)r, more + 형용사

'더 ~한'이라는 의미를 나타내는 형용사의 비교급을 만들 때, 형용
사가 1음절이면 형용사 뒤에 -(e)r을 붙입니다. 하지만 2음절 이상

의 긴 형용사를 비교급 형태로 쓸 때는 형용사 앞에 more를 씁니
다.

보기와 같이 단어들을 바꿔 쓰세요.

1. 중요한 – 더 중요한 [more important]

2. 다양한 – 더 다양한 [more varied]

3. 키가 큰 – 키가 더 큰 [taller]

4. 짧은 – 더 짧은 [shorter]

5. 아름다운 – 더 아름다운 [more beautiful]

6. 똑똑한 – 더 똑똑한 [smarter]

Summary

주어진 단어를 이용해 빈칸을 채워 본문을 요약하세요.

변화하는 / 중요한 / 다양성 / 장소 / 옮기다

Transportation moves people or things from one place to another. Transportation needs are changing. Speed and variety are more important now.

교통수단은 사람이나 물건을 한 장소에서 또 다른 장소로 옮깁니다. 교통수단의 필요는 변화하고 있습니다. 속도와 다양성이 이제 더 중요합니다.

Workbook 별책 p. 10

Ⓐ 그림에 알맞은 단어를 골라 쓰세요.

1. transportation   **2.** plane   **3.** variety

4. move   **5.** ship   **6.** speed

Ⓑ 그림을 보고 알맞은 단어에 동그라미 하세요.

1. 과거에는 한때, 매머드가 살았습니다. [ⓐ]

2. 장미는 모양과 색이 다양합니다. [ⓐ]

3. 비행기가 이륙하고 있습니다. [ⓐ]

4. 그들은 상자를 옮기고 있습니다. [ⓑ]

| 본문 해석 | **공동체**

사람들은 공동체 안에서 살아갑니다. 공동체는 사람들이 같은 환경을 공유하는 곳입니다.

다양한 유형의 공동체가 있습니다: 도시 지역, 교외, 그리고 시골 지역이 있습니다. 도시 지역은 도시와 그 주변의 지역입니다.

교외는 도시 지역 가까이에 있는 공동체입니다. 시골 지역은 대개 농지로 구성되어 있습니다.

| 정답 |

Comprehension Checkup Ⓐ **1.** c **2.** a **3.** b **4.** b Ⓑ **1.** F **2.** T

Vocabulary Focus Ⓐ **1.** c **2.** a **3.** b **4.** d

　　　　　　　　　　 Ⓑ **1.** communities **2.** share **3.** around **4.** suburb

Grammar Focus **1.** A community is a place where people share the same environment.

　　　　　　　　 2. An urban area is a city and the places around it.

　　　　　　　　 3. A suburb is a community that is near an urban area.

Summary share / environment / urban / suburbs / rural

| 삽화 말풍선 문장 | p.72

① 사람들은 공통체 안에서 살아.

② 공동체 안에서, 사람들은 같은 환경을 공유해.

| Vocabulary | p.73

• community 명 공동체, 지역 사회

• same 형 같은

• environment 명 환경

• different 형 다른

• urban area 명 도시 지역

• suburb 명 교외

• rural area 명 시골 지역

• around 전 ~의 주변에

• be made up of ~로 구성되다

• farmland 명 농지

| Reading Focus | p.73

• 도시 지역은 무엇인가요?

• 시골 지역은 대개 무엇으로 구성되어 있나요?

| 본문 그림 자료 | p.74

• rural areas 시골 지역

• suburbs 교외

• urban areas 도시 지역

• city 도시

| 문제 정답 및 해석 | p.75

Comprehension Checkup

Ⓐ **가장 알맞은 답을 고르세요.**

1. 본문은 주로 무엇에 관한 글입니까?　　　　　　[c]

　　a. 도시 지역에 있는 장소들

　　b. 환경의 아름다움

　　c. 공동체와 그것의 환경

2. 도시는 어디에 속합니까?　　　　　　　　　　[a]

　　a. 도시 지역

　　b. 교외

　　c. 시골 지역

3. 교외는 무엇입니까? [b]

   a. 대도시

   b. 도시 지역 부근에 있는 공동체

   c. 시골 지역에 있는 공동체

4. 농지는 어디에서 발견할 수 있습니까? [b]

   a. 도시 지역   **b.** 시골 지역   **c.** 교외

B 맞는 문장은 T를, 맞지 않는 문장은 F를 고르세요.

1. 하나의 공동체에서 사람들은 다양한 환경을 공유합니다. [F]

2. 도시 주변의 공동체는 도시 지역입니다. [T]

Vocabulary Focus

A 다음 단어를 알맞은 뜻과 연결하세요.

1. 같은 ---- **c.** 크기, 모양, 가치 혹은 중요성이 동일한

2. 환경 ---- **a.** 사람, 동물, 그리고 식물이 사는 땅, 물 그리고 하늘

3. 다른 ---- **b.** 똑같지 않은

4. ~의 주변에 ---- **d.** 어떤 것의 모든 면에

B 다음 빈칸에 알맞은 단어를 고르세요.

~의 주변에 / 공유하다 / 교외 / 공동체

1. 사람들은 공동체에서 살아갑니다. [communities]

2. 공동체는 사람들이 같은 환경을 공유하는 곳입니다. [share]

3. 도시 지역은 도시와 그 주변의 지역입니다. [around]

4. 교외는 도시 지역 가까이에 있는 공동체입니다. [suburb]

Grammar Focus

a / an + 단수 명사

셀 수 있는 명사가 하나 있을 때 명사 앞에는 a나 an을 붙여야 합니다. a나 an은 '하나의'라는 의미가 있으며, 특정하게 정해져 있지 않은 '어떤'의 의미도 가집니다. 단어의 첫 소리가 모음인 a, e, i, o,

u 중 하나로 시작되면 an을, 그 외에는 a를 씁니다.

밑줄 친 부분을 바르게 고친 다음 문장을 다시 쓰세요.

1. [A community is a place where people share the same environment.]

공동체는 사람들이 같은 환경을 공유하는 곳입니다.

2. [An urban area is a city and the places around it.]

도시 지역은 도시와 그 주변의 지역입니다.

3. [A suburb is a community that is near an urban area.]

교외는 도시 지역 가까이에 있는 공동체입니다.

Summary

주어진 단어를 이용해 빈칸을 채워 본문을 요약하세요.

도시의 / 시골의 / 교외 / 공유하다 / 환경

A community is a place where people share the same environment. There are three different kinds of communities: urban areas, suburbs, and rural areas.

공동체는 사람들이 같은 환경을 공유하는 곳입니다. 세 가지 유형의 공동체가 있습니다: 도시 지역, 교외, 그리고 시골 지역입니다.

Workbook   별책 p.11

A 그림에 알맞은 단어를 골라 쓰세요.

1. around   **2.** different   **3.** farmland

4. same   **5.** environment   **6.** urban area

B 그림을 보고 알맞은 단어에 동그라미 하세요.

1. 교외는 도시 지역 근처에 있습니다. [ⓑ]

2. 많은 빌딩이 도시 지역에 있습니다. [ⓑ]

3. 이것은 농지입니다. [ⓐ]

4. 우리는 공동체에 삽니다. [ⓑ]

p.78

| 본문 해석 | **필요한 것과 원하는 것**

필요한 것은 우리가 살기 위해서 반드시 가지고 있어야만 하는 것들입니다. 사람들에게는 음식, 물, 옷, 그리고 주거지가 필요합니다. 사람들은 또한 사랑과 보살핌을 필요로 합니다.

원하는 것은 우리가 가지고 싶어 하지만, 없어도 살아갈 수 있는 것들입니다. 여러분은 새로운 장난감을 가지고 싶어 하지만, 그것 없이도 살 수 있습니다. 재미를 위해 다른 어떤 것을 찾을 수 있으니까요. 그런 것이 바로 원하는 것입니다.

| 정답 |

Comprehension Checkup Ⓐ **1.** b **2.** b **3.** b **4.** c Ⓑ **1.** T **2.** F

Vocabulary Focus Ⓐ **1.** c **2.** a **3.** d **4.** b

Ⓑ **1.** Needs **2.** clothing **3.** care **4.** Wants

Grammar Focus **1.** live **2.** find **3.** help

Summary have / Food / needs / Wants / without

| 삽화 말풍선 문장 | p.78

① 우리는 음식과 옷 없이 살 수 없어.

② 필요한 것과 원하는 것은 달라.

| Vocabulary | p.79

- needs 명 필요한 것
- clothing 명 옷, 의복
- shelter 명 주거지, 은신처
- care 명 보살핌, 돌봄
- wants 명 원하는 것
- without 전 ~ 없이
- fun 명 재미

| Reading Focus | p.79

- 사람들에게 무엇이 필요하다고 생각하나요?
- 원하는 것(a want)은 무엇인가요?

| 본문 그림 자료 | p.80

Needs 필요한 것

- food 음식
- clothing 옷
- love 사랑

Wants 원하는 것

- toys 장난감
- books 책
- music 음악

| 문제 정답 및 해석 | p.81

Comprehension Checkup

Ⓐ **가장 알맞은 답을 고르세요.**

1. 본문은 주로 무엇에 관한 글입니까? [b]

 a. 우리가 살기 위해 필요한 것

 b. 필요한 것과 원하는 것의 차이

 c. 식생활에 있어 필요한 것과 원하는 것

2. 살기 위해 우리는 무엇이 필요합니까? [b]

 a. 사진

 b. 물

 c. 게임

3. 가지고는 싶지만 없어도 살아갈 수 있는 것들이 있습니다. 그것들은 무엇입니까? [b]

 a. 그것들은 필요한 것입니다.

 b. 그것들은 원하는 것입니다.

c. 그것들은 옷입니다.

4. 다음 중 원하는 것에 해당하는 것은 무엇입니까?　[c]
　　a. 옷
　　b. 음식
　　c. 차

B 맞는 문장은 T를, 맞지 않는 문장은 F를 고르세요.

1. 우리는 우리에게 필요한 것 없이는 살 수 없습니다.　[T]
2. 우리는 우리가 가지고 싶은 것 없이는 살 수 없습니다.　[F]

Vocabulary Focus

A 다음 단어를 알맞은 뜻과 연결하세요.

1. 의복 ---- **c.** 사람들이 입는 옷
2. 주거지 ---- **a.** 사는 곳
3. 보살핌 ---- **d.** 누군가를 돌봐 주는 행동
4. ~ 없이 ---- **b.** ~을 가지고 있지 않은

B 다음 빈칸에 알맞은 단어를 고르세요.

보살핌 / 옷 / 원하는 것 / 필요한 것

1. 필요한 것은 우리가 살기 위해 반드시 가지고 있어야만 하는 것들입니다.　[Needs]
2. 사람들은 음식, 물, 옷, 그리고 주거지를 필요로 합니다.　[clothing]
3. 사람들은 사랑과 보살핌을 필요로 합니다.　[care]
4. 원하는 것은 우리가 가지고는 싶지만 없어도 살 수 있는 것들입니다.　[Wants]

Grammar Focus

조동사 can

can + 동사원형: ~할 수 있다

조동사 can은 동사 바로 앞에 쓰여서 '~할 수 있다'라는 의미를

나타냅니다. can 다음에는 반드시 동사원형이 와야 합니다. can 의 부정형은 cannot(can't)으로 쓰며, '~할 수 없다'는 의미가 됩니다.

알맞은 단어를 고르세요.

1. 원하는 것은 우리가 가지고는 싶지만 없어도 살아갈 수 있는 것들입니다.　[live]
2. 당신은 재미를 위해 다른 어떤 것을 찾을 수 있습니다.　[find]
3. 나는 당신을 도와줄 수 있습니다.　[help]

Summary

주어진 단어를 이용해 빈칸을 채워 본문을 요약하세요.

필요한 것 / 원하는 것 / 가지다 / ~ 없이 / 음식

Needs are things we must have to live. Food, water, clothing, shelter, love and care are needs. Wants are things we would like to have but can live without.

필요한 것은 우리가 살기 위해 반드시 가지고 있어야 하는 것입니다. 음식, 물, 옷, 주거지, 사랑, 그리고 보살핌은 필요한 것입니다. 원하는 것은 가지고 싶긴 하지만, 없어도 살 수 있는 것들입니다.

Workbook　별책 p.12

A 그림에 알맞은 단어를 골라 쓰세요.

1. shelter　　**2.** clothing　　**3.** fun
4. needs　　**5.** care　　**6.** without

B 그림을 보고 알맞은 단어에 동그라미 하세요.

1. 그는 아기를 돌보고 있습니다.　[ⓑ]
2. 모래성을 짓는 것은 매우 재미있습니다.　[ⓐ]
3. 이것은 주거지입니다.　[ⓐ]
4. 우리는 원하는 것 없이도 살 수 있습니다.　[ⓑ]

p.84

| 본문 해석 | **일**

일은 사람이 해야 하는 작업입니다: 설거지, 고장 난 물건 수리하기 등이 있습니다.

일은 또한 사람이 돈을 벌기 위해 하는 작업이기도 합니다. 그 돈으로 사람들은 필요하거나 원하는 것을 삽니다.

어떤 사람들은 돈을 받지 않고 일합니다. 그들은 자원봉사자라고 불립니다.

| 정답 |

Comprehension Checkup Ⓐ **1.** a **2.** c **3.** c **4.** b Ⓑ **1.** T **2.** F

Vocabulary Focus Ⓐ **1.** c **2.** a **3.** d **4.** b

　　　　　　　　　　　Ⓑ **1.** job **2.** earn **3.** buy **4.** work

Grammar Focus 　**1.** With **2.** without **3.** without

Summary 　　　needs / earn / work / money / volunteers

| 삽화 말풍선 문장 | p.84

① 어떤 사람들은 돈을 받지 않고 일해.

② 직업은 사람이 돈을 벌기 위해 하는 일이야.

| **Vocabulary** | p.85

- job 몡 직업, 일
- work 몡 일, 작업 동 일하다
- washing up 몡 설거지
- repair 동 수리하다
- broken 혱 고장 난, 깨진
- earn 동 (돈을) 벌다
- money 몡 돈
- volunteer 몡 자원봉사자

| **Reading Focus** | p.85

- 집에서 여러분이 하는 일은 무엇인가요?
- 자원봉사자는 어떤 사람들인가요?

| 본문 그림 자료 | p.86

Various Jobs 여러 가지 직업

- homemaker 주부
- students 학생

- carpenter 목수
- doctor 의사
- police officer 경찰관
- teacher 교사

| 문제 정답 및 해석 | p.87

Comprehension Checkup

Ⓐ **가장 알맞은 답을 고르세요.**

1. 본문은 주로 무엇에 관한 글입니까?　　　　[a]

　　a. 일의 의미

　　b. 자원봉사자가 되는 방법

　　c. 돈을 버는 방법

2. 어느 것이 일에 속합니까?　　　　　　　[c]

　　a. 먹는 것

　　b. 자는 것

　　c. 물건을 수리하는 것

3. 자원봉사자는 어떤 사람입니까?　　　　　[c]

　　a. 돈을 버는 사람들

b. 물건을 사는 사람들

c. 돈을 받지 않고 일하는 사람들

4. 본문에서 무엇을 추론할 수 있습니까?　　　　　　[b]

 a. 자원봉사자는 보통 돈이 필요하지 않습니다.

 b. 사람들은 먹을 것을 사기 위해서 일해야 합니다.

 c. 물건을 수리하는 것으로 돈을 벌 수 없습니다.

Ⓑ **맞는 문장은 T를, 맞지 않는 문장은 F를 고르세요.**

1. 설거지는 일입니다.　　　　　　　　　　　　[T]

2. 모든 사람들은 돈을 벌기 위해 일합니다.　　　　[F]

Vocabulary Focus

Ⓐ **다음 단어를 알맞은 뜻과 연결하세요.**

1. 설거지 ---- c. 접시, 그릇 등을 씻는 것

2. 수리하다 ---- a. 고장 난 것을 고치다

3. (돈을) 벌다 ---- d. 돈을 벌다

4. 자원봉사자 ---- b. 돈을 받지 않고 일하는 사람

Ⓑ **다음 빈칸에 알맞은 단어를 고르세요.**

일 / 일하다 / 사다 / (돈을) 벌다

1. 일은 사람이 해야 하는 작업입니다.　　　　　　[job]

2. 일은 사람이 돈을 벌기 위해 하는 작업이기도 합니다. [earn]

3. 사람들은 돈으로 필요하거나 원하는 것을 삽니다.　[buy]

4. 어떤 사람들은 돈을 받지 않고 일합니다.　　　　[work]

Grammar Focus

전치사 with와 without

with + 명사: (명사)를 가지고

without + 명사: (명사)가 없이

with는 '~을 가지고'란 의미의 전치사이고 without은 '~이 없이'라는 의미의 전치사입니다. 전치사는 명사 앞에 위치하면서 뒤에

오는 명사의 의미 활용에 도움을 줍니다.

알맞은 단어를 고르세요.

1. 사람들은 돈으로 필요하거나 원하는 것을 삽니다.　[With]

2. 자원봉사자는 돈을 받지 않고 일합니다.　　　　[without]

3. 우리는 물 없이 살 수 없습니다.　　　　　　　[without]

Summary

주어진 단어를 이용해 빈칸을 채워 본문을 요약하세요.

(돈을) 벌다 / 자원봉사자 / 돈 / 해야 한다 / 일하다

A job is work that a person needs to do or does to earn money. Some people work without earning money. They are volunteers.

일은 사람이 해야 하는, 혹은 돈을 벌기 위해 하는 작업입니다. 어떤 사람들은 돈을 벌지 않고 일합니다. 그들은 자원봉사자입니다.

Workbook　　　　　　별책 p.13

Ⓐ **그림에 알맞은 단어를 골라 쓰세요.**

1. volunteer　　2. washing up　　3. earn

4. broken　　　5. repair　　　　6. work

Ⓑ **그림을 보고 알맞은 단어에 동그라미 하세요.**

1. 그녀는 설거지를 하고 있습니다.　　　　　　[ⓑ]

2. 그는 컴퓨터를 수리하고 있습니다.　　　　　[ⓐ]

3. 그들은 일하고 있습니다.　　　　　　　　　[ⓐ]

4. 많은 직업이 있습니다.　　　　　　　　　　[ⓐ]

p.90

| 정답 |

Review Vocabulary Test

A **1.** earn / (돈을) 벌다 **2.** housework / 집안일 **3.** different / 다른 **4.** move / 옮기다

B **1.** communities **2.** needs **3.** varied **4.** provide

C **1.**

| s | a | f | e | t | y |

2.

| s | h | a | r | e |

3.

| r | e | p | a | i | r |

4.

| c | l | o | t | h | i | n | g |

5. r e s t

6. s a m e

7. c a r e

➡ shelter

Review Grammar Test

A **1.** moves **2.** to live **3.** An **4.** without

B **1.** Ships are faster than they were. **2.** They can swim and ski.

3. Speed is more important than it was in the past.

Review Vocabulary Test

A 알맞은 단어와 우리말 뜻을 쓰세요.

1. 돈을 벌다   [earn / (돈을) 벌다]

2. 빨래, 청소, 등   [housework / 집안일]

3. 똑같지 않은   [different / 다른]

4. 어떤 물건이나 사람을 한 곳에서 또 다른 곳으로 가져가다

[move / 옮기다]

B 다음 빈칸에 알맞은 단어를 고르세요.

해야 한다 / 다양한 / 제공하다 / 공동체

1. 사람들은 공동체에서 살아갑니다.   [communities]

2. 일은 사람이 해야 하는 작업입니다.   [needs]

3. 비행기는 모양과 크기에 있어서 더 다양합니다.   [varied]

4. 주거지는 안전과 쉴 곳을 제공합니다.   [provide]

C 단어를 완성하고, 질문에 답하세요.

1. 위험으로부터 안전한 상태   [safety]

2. 어떤 것을 다른 사람과 함께 소유하거나 사용하다   [share]

3. 고장 난 것을 고치다   [repair]

4. 사람들이 입는 옷   [clothing]

5. 일하던 것을 멈추고 휴식을 취하다   [rest]

6. 크기, 모양, 가치 혹은 중요성이 동일한   [same]

7. 누군가를 돌봐 주는 행동   [care]

색 상자 안의 단어는 무엇인가요?

➔ [shelter(주거지)]

Review Grammar Test

A 알맞은 단어를 고르세요.

1. 교통수단은 사람이나 물건을 한 장소에서 다른 장소로 옮깁니다.   [moves]

2. 필요한 것은 우리가 살기 위해서 반드시 가지고 있어야 하는 것들입니다.   [to live]

3. 하나의 대가족은 부모, 자녀, 조부모, 삼촌 등을 포함합니다.

[An]

4. 자원봉사자는 돈을 받지 않고 일합니다.   [without]

B 밑줄 친 부분을 바르게 고친 다음 문장을 다시 쓰세요.

1. [Ships are faster than they were.]

배는 과거보다 더 빠릅니다.

2. [They can swim and ski.]

그들은 수영을 하고 스키를 탈 수 있습니다.

3. [Speed is more important than it was in the past.] 속도는 과거보다 더 중요합니다.

| 본문 해석 | **황금알을 낳는 거위**

옛날에, 한 농부가 자신의 거위의 둥지에 갔다가 알을 하나 발견했습니다. 그것은 샛노랗고 빛이 났습니다. 그것은 무거웠습니다. 농부는 그 알을 거의 버릴 뻔하다가 마음을 바꾸었습니다. 그는 그 알을 집으로 가져갔습니다. 그곳에서 농부는 그것이 황금알이라는 사실을 알게 되었습니다! 농부는 많은 돈을 받고 그 알을 팔았습니다. 매일 아침, 거위는 또 다른 황금알을 낳았습니다. 농부는 그 알들을 팔아서 금세 부자가 되었습니다.

그는 부유해질수록, 탐욕스러워졌습니다. '하루에 알을 겨우 하나씩 받으려고 왜 기다려야 되는 거야?' 농부는 생각했습니다. '거위를 갈라 배를 열고 알을 한꺼번에 다 빼내야겠다.' 그래서 농부는 거위를 죽이고 배를 갈랐는데, 아무것도 발견하지 못했습니다.

| 정답 |

Comprehension Checkup Ⓐ **1.** b **2.** c **3.** a **4.** b Ⓑ **1.** F **2.** F

Vocabulary Focus Ⓐ **1.** b **2.** a **3.** d **4.** c

Ⓑ **1.** goose **2.** egg **3.** golden **4.** greedy

Grammar Focus **1.** sold **2.** changed **3.** took **4.** found **5.** killed **6.** discovered

Summary nest / laid / rich / greedy / find

| 삽화 말풍선 문장 | p.94

① 거위가 황금알을 낳았어.

② 농부는 부유해지면서 탐욕스러워졌어.

| **Vocabulary** | p.95

• nest 몡 둥지

• goose 몡 거위

• egg 몡 알, 달걀

• shiny 혱 빛나는, 반짝거리는

• throw away 버리다, 던지다

• discover 동 발견하다

• lay 동 (알을) 낳다

• golden 혱 황금빛의

• greedy 혱 탐욕스러운, 욕심이 많은

| **Reading Focus** | p.95

• 처음에 농부는 반짝거리는 알을 어떻게 할 뻔했나요?

• 왜 농부는 거위를 죽였나요?

| 문제 정답 및 해석 | p.97

Comprehension Checkup

Ⓐ **가장 알맞은 답을 고르세요.**

1. 본문은 주로 무엇에 관한 이야기입니까? [b]

　a. 둥지 안의 알

　b. 탐욕스러워진 결과

　c. 거위의 배를 가르는 방법

2. 농부는 반짝거리는 알로 무엇을 했습니까? [c]

　a. 알을 버렸습니다.

　b. 알을 황금알로 변하게 했습니다.

　c. 알을 집으로 가져갔습니다.

3. 농부는 거위의 배를 가른 후에 무엇을 발견했습니까? [a]

　a. 아무것도 발견하지 못했습니다.

　b. 많은 황금알

　c. 많은 돈

4. 이야기의 교훈은 무엇입니까? [b]

  a. 낮말은 새가 듣고 밤말은 쥐가 듣는다.

  b. 욕심에는 끝이 없다.

  c. 연습이 완벽을 만든다.

Ⓑ 맞는 문장은 T를, 맞지 않는 문장은 F를 고르세요.

1. 농부는 거위를 팔고 싶어 했습니다. [F]

2. 농부는 거위의 배를 가른 다음에 부자가 되었습니다. [F]

Vocabulary Focus

Ⓐ 다음 단어를 알맞은 뜻과 연결하세요.

1. 둥지 ---- **b.** 동물이 알을 낳는 곳

2. 발견하다 ---- **a.** 놀라운 어떤 것을 알아내다

3. 낳다 ---- **d.** 알이 몸 밖으로 나오게 하다

4. 버리다 ---- **c.** 어떤 것을 제거하다

Ⓑ 다음 빈칸에 알맞은 단어를 고르세요.

황금빛의 / 알 / 탐욕스러운 / 거위

1. 옛날에, 한 농부가 자신의 거위 둥지에 갔습니다. [goose]

2. 농부는 생각을 바꿔서 알을 집 안으로 가져갔습니다. [egg]

3. 매일 아침, 거위는 또 다른 황금알을 낳았습니다. [golden]

4. 농부는 부자가 되면서, 탐욕스러워졌습니다. [greedy]

Grammar Focus

일반동사의 과거형

동사원형 + -(e)d

과거에 일어난 일을 표현할 때는 동사의 과거형을 사용합니다. 동사의 과거형은 대부분 동사원형 뒤에 -(e)d를 붙여서 만들 수 있는데, -y로 끝나는 동사는 y를 i로 바꾸고 그 뒤에 -ed를 붙여 줍니다(try-tried, cry-cried 등). 그 외에 형태가 완전히 바뀌는 동사들(sell-sold, take-took, find-found 등)도 있는데, 이러한 동사들은 따로 암기해야 합니다.

단어를 과거형으로 바꿔 쓰세요.

1. 팔다 [sold]   **4.** 발견하다 [found]

2. 바꾸다 [changed]   **5.** 죽이다 [killed]

3. 가져가다 [took]   **6.** 발견하다 [discovered]

Summary

주어진 단어를 이용해 빈칸을 채워 본문을 요약하세요.

부유한 / 발견하다 / 둥지 / 낳았다 / 탐욕스러운

Once, a farmer found a golden egg from the nest of his goose. The goose laid a golden egg every morning, and the farmer became rich by selling them. He grew greedy. He cut the goose open to get all the golden eggs at once. But he couldn't find any eggs there.

어느 날, 한 농부가 자신의 거위의 둥지에서 황금알을 발견했습니다. 거위는 매일 아침 황금알을 낳았고, 농부는 그것들을 팔아서 부자가 되었습니다. 그는 탐욕스러워졌습니다. 농부는 모든 황금알을 한번에 얻기 위해서 거위의 배를 갈라 열었습니다. 하지만 그는 그곳에서 알을 하나도 발견할 수 없었습니다.

Workbook 별책 p.14

Ⓐ 그림에 알맞은 단어를 골라 쓰세요.

1. throw away   **2.** nest   **3.** discover

4. goose   **5.** shiny   **6.** golden

Ⓑ 그림을 보고 알맞은 단어에 동그라미 하세요.

1. 몇 개의 알이 둥지에 있습니다. [ⓑ]

2. 거북이는 알을 낳고 있습니다. [ⓐ]

3. 여왕은 빛나는 왕관을 받았습니다. [ⓐ]

4. 그는 탐욕스러워 보입니다. [ⓑ]

p.100

| 본문 해석 | 사자와 생쥐

어느 날, 작은 생쥐 한 마리가 잠자고 있는 커다란 사자의 발을 가로질러 달렸습니다. 이 때문에 사자는 깨어났습니다. 사자는 매우 화가 나서 커다란 발로 생쥐를 잡았습니다. 사자가 생쥐를 막 삼키려고 할 때 생쥐가 울부짖었습니다. "방해하려던 것은 아니었어요. 저를 풀어 주시면 언젠가 제가 당신을 도와드릴게요." 사자는 크게 웃고는 생쥐를 풀어 주었습니다.

얼마 지나지 않아서, 생쥐는 뛰어 돌아다니다가 근처에서 크게 울부짖는 소리를 들었습니다. 생쥐는 무슨 문제인지 알아보려고 가까이 다가갔습니다. 사자가 사냥꾼의 그물에 잡혀 있었습니다! 생쥐는 사자에게 했던 약속을 기억했습니다. 생쥐는 그물의 밧줄을 물어뜯기 시작했습니다. 마침내, 사자는 풀려날 수 있었습니다.

| 정답 |

Comprehension Checkup Ⓐ **1.**a **2.**a **3.**c **4.**a Ⓑ **1.**F **2.**F

Vocabulary Focus Ⓐ **1.**d **2.**a **3.**c **4.**b

Ⓑ **1.**sleeping **2.**swallow **3.**disturb **4.**promise

Grammar Focus **1.**He didn't grab the mouse.

2.The lion didn't laugh a big laugh.

Summary woke / cried / go / caught / kept

| 삽화 말풍선 문장 | p.100

① 작은 생쥐가 사자를 깨웠어!

② 생쥐는 사자를 돕겠다는 그의 약속을 지켰어.

| Vocabulary | p.101

· paw 몡 (동물의) 발

· grab 통 붙잡다

· swallow 통 삼키다

· disturb 통 방해하다

· laugh 통 웃다 몡 웃음

· roar 몡 으르렁거리는 소리 통 으르렁거리다

· trouble 몡 문제

· remember 통 기억하다

· promise 몡 약속 통 약속하다

· gnaw 통 물어뜯다, 갉아먹다

| Reading Focus | p.101

· 왜 생쥐는 사자를 깨웠나요?

· 생쥐는 사자를 돕기 위해 무엇을 했나요?

| 문제 정답 및 해석 | p.103

Comprehension Checkup

Ⓐ **가장 알맞은 답을 고르세요.**

1. 본문은 주로 무엇에 관한 이야기입니까? [a]

　a. 은혜를 갚는 것

　b. 거짓말을 하는 것

　c. 부자가 되는 것

2. 사자는 왜 생쥐에게 화가 났습니까? [a]

　a. 생쥐가 잠자는 사자를 깨웠기 때문에

　b. 생쥐가 약속을 지키지 않았기 때문에

　c. 생쥐가 사자를 삼키려고 했기 때문에

3. 생쥐는 사자를 위해서 무슨 일을 했습니까? [c]

　a. 생쥐는 사자가 으르렁대는 것을 도왔습니다.

　b. 생쥐는 사자가 그의 약속을 기억하는 것을 도왔습니다.

　c. 생쥐는 사자가 사냥꾼의 그물에서 풀려날 수 있도록 도왔습니다.

4. 이야기의 교훈은 무엇입니까? [a]

   a. 약속을 지켜라.

   b. 사소한 것은 도움이 되지 않는다.

   c. 잠자는 사자를 건들지 마라.

B 맞는 문장은 T를, 맞지 않는 문장은 F를 고르세요.

1. 생쥐는 사자를 깨우기 위해 달렸습니다. [F]

2. 사자는 그물의 밧줄을 물어뜯었습니다. [F]

Vocabulary Focus

A 다음 단어를 알맞은 뜻과 연결하세요.

1. (동물의) 발 - - - - **d.** 발톱이 달린 동물의 발

2. 으르렁거리는 소리 - - - - **a.** 야생 동물이 내는 큰 소리

3. 물어뜯다 - - - - **c.** 딱딱한 것을 계속 베어 물다

4. 붙잡다 - - - - **b.** 어떤 사람이나 물건을 붙잡다

B 다음 빈칸에 알맞은 단어를 고르세요.

약속 / 방해하다 / 삼키다 / 잠자고 있는

1. 어느 날, 작은 생쥐가 <u>잠자고 있는</u> 큰 사자의 발 위를 뛰어 지나갔습니다. [sleeping]

2. 사자가 막 생쥐를 <u>삼키려고</u> 하자 생쥐가 울부짖었습니다. [swallow]

3. 나는 당신을 <u>방해하려던</u> 것이 아니었어요. [disturb]

4. 생쥐는 사자에게 했던 <u>약속</u>을 기억했습니다. [promise]

Grammar Focus

일반동사 과거 시제의 부정문

주어 + did not[didn't] + 동사원형 ~: ~하지 않았다

과거에 했던 일을 부정할 때는 did not[didn't]을 동사원형 앞에 쓰면 됩니다. 의미는 '~하지 않았다'가 됩니다.

보기와 같이 문장을 바꿔 쓰세요.

1. [He didn't grab the mouse.]

   그는 생쥐를 잡지 않았습니다.

2. [The lion didn't laugh a big laugh.]

   사자는 크게 웃지 않았습니다.

Summary

주어진 단어를 이용해 빈칸을 채워 본문을 요약하세요.

잡힌 / 깨웠다 / 외쳤다 / 지켰다 / 가다

One day, a little mouse woke a sleeping lion. The lion was very angry, so the mouse cried out, "Please let me go. I will help you someday." The lion laughed and let him go. Not long after, the mouse saw the lion caught in a net and helped him get free. The mouse kept his promise.

어느 날, 작은 생쥐가 잠자고 있는 사자를 깨웠습니다. 사자는 매우 화를 냈고, 생쥐는 울부짖었습니다. "저를 풀어 주세요. 언젠가 제가 당신을 도와 드릴게요." 사자는 웃고는 생쥐를 가게 해 주었습니다. 얼마 지나지 않아, 생쥐는 그물에 잡힌 사자를 보았고 사자가 풀려나도록 도와주었습니다. 생쥐는 약속을 지켰습니다.

Workbook
별책 p.15

A 그림에 알맞은 단어를 골라 쓰세요.

1. gnaw   **2.** grab   **3.** paw

4. laugh   **5.** promise   **6.** roar

B 그림을 보고 알맞은 단어에 동그라미 하세요.

1. 사진 찍는 것은 무언가를 기억하기에 좋은 방법입니다. [b]

2. 새는 작은 곤충을 삼킬 수 있습니다. [b]

3. 그는 숙제에 어려움을 겪고 있습니다. [a]

4. 아이들은 아버지를 방해하고 있습니다. [b]

Music

| 본문 해석 | **음악**

음악은 함께 어울리는 소리들로 구성된 것입니다. 음악은 사람들이 노래하는 것, 피아노 같은 악기를 연주하는 것입니다. 귀를 기울여보면 어디에서나 음악을 발견할 수 있습니다. 여러분은 라디오, TV, 컴퓨터, 그리고 휴대폰에서 음악이 흘러나오는 것을 발견할 수 있습니다. 음악은 우리가 느끼는 감정과 생각하는 것을 표현할 수 있습니다.

| 정답 |

Comprehension Checkup Ⓐ **1.** a **2.** c **3.** b **4.** a Ⓑ **1.** T **2.** T

Vocabulary Focus Ⓐ **1.** c **2.** a **3.** d **4.** b

Ⓑ **1.** sounds **2.** instruments **3.** playing **4.** feel

Grammar Focus **1.** find **2.** help **3.** play

Summary instruments / everywhere / listen / express / thoughts

---

| 삽화 말풍선 문장 | p.106

① 음악은 함께 어울리는 소리들로 구성되어 있어.

② 음악은 사람들의 감정과 생각을 표현할 수 있어.

| Vocabulary | p.107

• sound 명 소리

• together 부 함께

• play 동 연주하다, 연주되다

• instrument 명 악기, 도구

• listen 동 듣다

• express 동 표현하다

• feel 동 느끼다

• think 동 생각하다

| Reading Focus | p.107

• 음악은 무엇이라고 생각하나요?

• 음악을 어디에서 발견할 수 있나요?

| 본문 그림 자료 | p.108

Devices for Listening to Music 음악을 듣는 장치

• computer 컴퓨터

• mobile phone 휴대폰

• TV 텔레비전

| 문제 정답 및 해석 | p.109

Comprehension Checkup

Ⓐ **가장 알맞은 답을 고르세요.**

1. 본문은 주로 무엇에 관한 글입니까? [a]

 a. 우리 주변의 음악

 b. 음악을 사는 방법

 c. 악기를 연주하는 방법

2. 무엇이 음악을 만듭니까? [c]

 a. 말들만 음악을 만듭니다.

 b. 악기들만 음악을 만듭니다.

 c. 함께 어울리는 소리들이 음악을 만듭니다.

3. 본문에 따르면, 우리는 음악을 통해 무엇을 표현할 수 있습니까? [b]

 a. 노래를 부르는 것이 얼마나 어려운지

 b. 우리가 무엇을 생각하는지

 c. 어떤 악기들을 사용할지

4. 본문에서 무엇을 추론할 수 있습니까? [a]

   a. 사람들은 다양한 방법으로 음악을 만들고 즐깁니다.

   b. 과거에 음악은 오직 부유한 사람들을 위해 만들어졌습니다.

   c. 피아노는 세상에서 가장 인기있는 악기입니다.

B 맞는 문장은 T를, 맞지 않는 문장은 F를 고르세요.

1. 라디오, TV, 컴퓨터는 우리를 위해 음악을 재생합니다. [T]

2. 우리는 음악을 통해 우리가 어떻게 느끼는지를 표현할 수 있습니다. [T]

Vocabulary Focus

A 다음 단어를 알맞은 뜻과 연결하세요.

1. 함께 ---- **c.** 서로와 함께

2. 연주하다 ---- **a.** 음악을 연주하다

3. 듣다 ---- **d.** 소리에 주의를 기울이다

4. 표현하다 ---- **b.** 느낌과 생각을 나타내다

B 다음 빈칸에 알맞은 단어를 고르세요.

연주되고 있는 / 악기 / 느끼다 / 소리들

1. 음악은 함께 어울리는 소리들로 구성됩니다 [sounds]

2. 음악은 사람들이 노래하는 것, 피아노 같은 악기로 연주하는 것입니다. [instruments]

3. 여러분은 라디오와 컴퓨터에서 연주되고 있는 음악을 발견할 수 있습니다. [playing]

4. 음악은 우리가 어떻게 느끼고 무엇을 생각하는지를 표현할 수 있습니다. [feel]

Grammar Focus

미래를 나타내는 조동사 will

주어 + will + 동사원형: ~할 것이다

미래의 일을 표현할 때는 동사 앞에 will을 붙이면 됩니다. '~할 것이다'라는 의미를 나타내며, will 다음에는 반드시 동사원형이 와야

합니다.

알맞은 단어를 고르세요.

1. 여러분이 귀를 기울여 본다면, 어디에서나 음악을 발견할 것입니다. [find]

2. 그를 풀어 준다면, 언젠가 그가 당신을 도와줄 것입니다. [help]

3. 그녀가 피아노를 연주할 것입니다. [play]

Summary

주어진 단어를 이용해 빈칸을 채워 본문을 요약하세요.

악기 / 표현하다 / 어디에서나 / 생각 / 귀 기울이다

Music is what people sing and play on instruments like the piano. You will find music everywhere if you listen for it. Music can express our feelings and thoughts.

음악은 사람들이 노래하고 피아노 같은 악기로 연주하는 것입니다. 여러분이 귀를 기울여 본다면, 어디에서든 음악을 발견할 것입니다. 음악은 우리의 느낌과 생각을 표현할 수 있습니다.

Workbook 별책 p.16

A 그림에 알맞은 단어를 골라 쓰세요.

1. express   **2.** listen   **3.** think

4. play   **5.** feel   **6.** together

B 그림을 보고 알맞은 단어에 동그라미 하세요.

1. 새들은 아름다운 소리를 만듭니다. [ⓐ]

2. 그녀는 음악을 듣고 있습니다. [ⓐ]

3. 바이올린은 인기있는 악기입니다. [ⓑ]

4. 그들은 함께 생일 파티를 하고 있습니다. [ⓐ]

Folk Music

| 본문 해석 | **민속 음악**

민속 음악은 일반적으로 전문적인 음악가들이 아닌 보통 사람들에 의해 만들어지거나 연주되거나 혹은 불립니다. 후손들은 그것을 듣고 따라하면서 배우게 될 것입니다.

민속 음악은 전통 음악입니다. 모든 나라는 그 나라 고유의 전통 음악을 가지고 있습니다. 민요는 민속 음악의 일부입니다. 민요 가수는 민요를 부르는 사람입니다.

| 정답 |

Comprehension Checkup Ⓐ **1.** a **2.** c **3.** c **4.** b Ⓑ **1.** F **2.** F

Vocabulary Focus Ⓐ **1.** b **2.** d **3.** c **4.** a

Ⓑ **1.** ordinary **2.** copying **3.** traditional **4.** Folk

Grammar Focus **1.** has **2.** week **3.** person

Summary ordinary / listening / copying / traditional / own

| 삽화 말풍선 문장 | p.112

① 민속 음악은 전통적인 음악이야.

② 민요는 보통 사람들을 위한 노래야.

| Vocabulary | p.113

- generally 튀 일반적으로
- ordinary 혱 보통의, 평범한
- professional 혱 전문적인, 직업의
- musician 몡 음악가
- future 혱 미래의 몡 미래
- generation 몡 세대
- copy 동 모방하다
- traditional 혱 전통적인
- folk singer 몡 민요 가수

| Reading Focus | p.113

- 후손들은 민속 음악을 어떻게 배울까요?
- 민요 가수는 누구인가요?

| 문제 정답 및 해석 | p.115

Comprehension Checkup

Ⓐ **가장 알맞은 답을 고르세요.**

1. 본문은 주로 무엇에 관한 글입니까? [a]

　　a. 보통 사람들에 의한 음악

　　b. 보통 사람들의 옷

　　c. 음악과 악기

2. 민속 음악은 무엇입니까? [c]

　　a. 미래 세대의 음악

　　b. 가수가 없는 음악

　　c. 비전문적인 음악가들의 전통적인 음악

3. 후손들은 민속 음악을 어떻게 배우게 됩니까? [c]

　　a. 책을 읽음으로써

　　b. 음식을 만듦으로써

　　c. 민속 음악을 듣고 따라함으로써

4. 본문을 통해 민속 음악에 대해 무엇을 추론할 수 있습니까?

[b]

a. 민속 음악은 가까운 미래에 사라질 것입니다.

b. 민속 음악은 그 나라의 문화와 전통을 보여줍니다.

c. 민속 음악은 그 나라의 전통 악기로만 연주됩니다.

Ⓑ **맞는 문장은 T를, 맞지 않는 문장은 F를 고르세요.**

1. 민속 음악은 전문적인 음악가들로부터 나옵니다. [F]

2. 민요 가수는 전통 악기를 만드는 사람들입니다. [F]

Vocabulary Focus

Ⓐ **다음 단어를 알맞은 뜻과 연결하세요.**

1. 세대 ---- **b.** 비슷한 나이대의 사람들의 무리

2. 전문적인 ---- **d.** 특별한 기술을 필요로 하는 일을 하는

3. 보통의 ---- **c.** 다르거나 특별하지 않은

4. 따라하다 ---- **a.** 다른 누군가가 했던 일을 하다

Ⓑ **다음 빈칸에 알맞은 단어를 고르세요.**

전통적인 / 보통의 / 민속의 / 따라하기

1. 민속 음악은 일반적으로 보통 사람들에 의해 만들어지거나 연주되거나 혹은 불립니다. [ordinary]

2. 미래 세대들은 민속 음악을 듣고 따라함으로써 민속 음악을 배울 것입니다. [copying]

3. 민속 음악은 전통적인 음악입니다. [traditional]

4. 민요 가수는 민요를 부르는 사람들입니다. [Folk]

Grammar Focus

every + 단수 명사: 모든 ~, ~마다

every에는 '모든', '하나하나 다' 등의 뜻이 있습니다. every 바로 뒤에는 반드시 단수 명사가 오며, 현재 시제일 때는 동사도 꼭 3인칭 단수 형태를 써야 합니다.

알맞은 단어를 고르세요.

1. 모든 나라는 고유의 전통 음악을 가지고 있습니다. [has]

2. 우리는 매주 도서관에 갑니다. [week]

3. 모든 사람은 평등합니다. [person]

Summary

주어진 단어를 이용해 빈칸을 채워 본문을 요약하세요.

고유의 / 보통의 / 따라하기 / 전통적인 / 듣기

Folk music is music by ordinary people. Future generations will learn it by listening to and copying it. Folk music is traditional music. Every country has its own traditional music.

민속 음악은 보통 사람들에 의한 음악입니다. 미래 세대들은 민속 음악을 듣고 따라함으로써 민속 음악을 배울 것입니다. 민속 음악은 전통적인 음악입니다. 모든 나라는 그 나라 고유의 전통 음악을 가지고 있습니다.

Workbook
별책 p. 17

Ⓐ **그림에 알맞은 단어를 골라 쓰세요.**

1. professional **2.** musician **3.** copy

4. generation **5.** future **6.** ordinary

Ⓑ **그림을 보고 알맞은 단어에 동그라미 하세요.**

1. 민요 가수는 민요를 부릅니다. [ⓐ]

2. 그녀는 전문적인 음악가입니다. [ⓑ]

3. 호박파이는 추수감사절의 전통적인 후식입니다. [ⓐ]

4. 돌고래는 일반적으로 똑똑한 동물로 여겨집니다. [ⓐ]

p.118

| 정답 |

Review Vocabulary Test

Ⓐ **1.** professional / 전문적인 **2.** grab / 붙잡다 **3.** gnaw / 물어뜯다 **4.** roar / 으르렁거리는 소리

Ⓑ **1.** traditional **2.** greedy **3.** listen **4.** swallow

Ⓒ

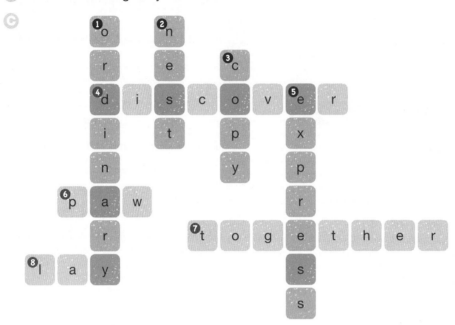

Review Grammar Test

Ⓐ **1.** help **2.** country **3.** changed **4.** didn't

Ⓑ **1.** The mouse didn't cry out.

2. She will go to the park in the afternoon.

3. Every morning, the goose laid another golden egg.

Review Vocabulary Test

Ⓐ 알맞은 단어와 우리말 뜻을 쓰세요.

1. 특별한 기술을 필요로 하는 일 　[professional / 전문적인]
2. 어떤 사람이나 물건을 붙잡다 　　　[grab / 붙잡다]
3. 딱딱한 것을 계속 베어 물다 　　[gnaw / 물어뜯다]
4. 야생 동물이 내는 큰 소리 　[roar / 으르렁거리는 소리]

Ⓑ 다음 빈칸에 알맞은 단어를 고르세요.

　　귀 기울이다 / 탐욕스러운 / 삼키다 / 전통적인

1. 민속 음악은 전통적인 음악입니다. 　　　[traditional]
2. 농부는 부자가 되면서, 탐욕스러워졌습니다. 　[greedy]
3. 여러분이 음악을 들으려고 귀를 기울여 본다면, 어디에서나 음악을 발견할 것입니다. 　　　　　　　[listen]
4. 사자가 막 생쥐를 삼키려고 하자 생쥐가 울부짖었습니다.
　　　　　　　　　　　　　　　　　　　[swallow]

Ⓒ 크로스워드 퍼즐을 완성하세요.

가로

❹ 놀라운 어떤 것을 알아내다 　　　　　[discover]
❻ 발톱이 달린 동물의 발 　　　　　　　[paw]
❼ 서로와 함께 　　　　　　　　　　[together]
❽ 알이 몸 밖으로 나오게 하다 　　　　　[lay]

세로

❶ 다르거나 특별하지 않은 　　　　　[ordinary]
❷ 동물이 알을 낳는 곳 　　　　　　　[nest]
❸ 다른 누군가가 했던 일을 하다 　　　[copy]
❺ 느낌과 생각을 나타내다 　　　　[express]

Review Grammar Test

Ⓐ 알맞은 단어를 고르세요.

1. 제가 언젠가 당신을 도와 드리겠습니다. 　　　[help]
2. 모든 나라는 그 나라 고유의 전통 음악을 가지고 있습니다.
　　　　　　　　　　　　　　　　　　　[country]
3. 그는 그것을 거의 버릴 뻔하다가 마음을 바꾸었습니다.
　　　　　　　　　　　　　　　　　　[changed]
4. 사자는 크게 웃지 않았습니다. 　　　　　[didn't]

Ⓑ 밑줄 친 부분을 바르게 고친 다음 문장을 다시 쓰세요.

1. [The mouse didn't cry out.]
　쥐는 울부짖지 않았습니다.
2. [She will go to the park in the afternoon.]
　그녀는 오후에 공원에 갈 것입니다.
3. [Every morning, the goose laid another golden egg.]
　매일 아침, 거위는 또 다른 황금알을 낳았습니다.

p.122

| 본문 해석 | **예술과 예술가**

여러분은 찰흙 놀이를 하고, 그림을 그리거나 블록을 조립하는 것을 좋아하나요? 이런 것들을 할 때 여러분은 예술 작품을 만들고 있는 것입니다.

예술을 창조하는 사람들은 예술가라고 불립니다. 어떤 예술가들은 종이 위에 연필로 그림을 그립니다. 어떤 예술가들은 물감으로 그림을 그립니다. 어떤 예술가들은 조각상을 만듭니다. 이 예술가들을 조각가라고 합니다. 모든 예술가들에게 필요한 한 가지는 상상력입니다.

| 정답 |

Comprehension Checkup Ⓐ **1.** c **2.** c **3.** c **4.** a Ⓑ **1.** T **2.** T

Vocabulary Focus Ⓐ **1.** a **2.** c **3.** b **4.** d

Ⓑ **1.** create **2.** pencils **3.** sculptors **4.** artists

Grammar Focus **1.** Do you like to play with clay?

2. Does he draw pictures?

Summary building / art / create / artists / Imagination

| 삽화 말풍선 문장 | p.122

① 예술가는 예술을 창조하는 사람이야.

② 네가 그림을 그리는 것은 예술을 만드는 행위야.

| Vocabulary | p.123

• clay 명 찰흙, 점토

• draw 동 (연필 등으로) 그리다

• art 명 예술, 예술 작품

• create 동 창조하다, 만들다

• artist 명 예술가, 화가

• paint 동 (물감 등으로) 그리다

• statue 명 조각상

• sculptor 명 조각가

• imagination 명 상상력, 창의성

| Reading Focus | p.123

• 여러 다른 예술가들은 무엇을 하나요?

• 조각가는 누구인가요?

| 본문 그림 자료 | p.124

• painting 회화 • sculpting 조각 • drawing 소묘

| 문제 정답 및 해석 | p.125

Comprehension Checkup

Ⓐ 가장 알맞은 답을 고르세요.

1. 본문은 주로 무엇에 관한 글입니까? [c]

a. 예술가가 되는 방법

b. 예술가의 상상력

c. 예술과 예술을 창조하는 사람들

2. 예술가가 하지 않는 일은 무엇입니까? [c]

a. 예술을 창조합니다.

b. 그림을 그립니다.

c. 법을 만듭니다.

3. 조각가는 무엇을 합니까? [c]

a. 그림을 그립니다.

b. 블록을 조립합니다.

c. 조각상을 만듭니다.

4. 본문에서 무엇을 추론할 수 있습니까? [a]

a. 상상력은 사람들이 예술을 창조하도록 돕습니다.

b. 예술가는 조각상을 만드는 것을 어렵다고 생각합니다.

c. 예술가는 작가보다 더 많은 상상력을 필요로 합니다.

B 맞는 문장은 T를, 맞지 않는 문장은 F를 고르세요.

1. 그림을 그리는 것은 예술의 한 종류입니다.   [T]

2. 조각가는 예술가입니다.   [T]

Vocabulary Focus

A 다음 단어를 알맞은 뜻과 연결하세요.

1. 찰흙, 점토 ---- a. 무겁고 점성이 있는 흙

2. 그리다 ---- c. 물감을 이용하여 그림을 그리다

3. 조각상 ---- b. 돌이나 금속으로 만든 사람이나 동물의 모형

4. 상상력 ---- d. 머릿속에 그림이나 아이디어를 구상하는 능력

B 다음 빈칸에 알맞은 단어를 고르세요.

연필 / 예술가들 / 조각가들 / 창조하다

1. 예술을 <u>창조하는</u> 사람들은 예술가라고 불립니다.   [create]

2. 어떤 예술가는 종이에 <u>연필</u>로 그림을 그립니다.   [pencils]

3. 어떤 <u>조각가들</u>은 조각상을 만듭니다.   [sculptors]

4. 모든 <u>예술가들</u>이 필요로 하는 한 가지는 상상력입니다.

[artists]

Grammar Focus

일반동사 현재 시제의 의문문

Do/Does + 주어 + 동사원형?: ～하나요?

무엇을 물어볼 때는 의문문을 사용합니다. 일반동사 현재 시제가 사용된 문장을 의문문으로 만들 때는 주어 앞에 Do나 Does를 붙이면 됩니다. 주어가 1인칭이나 2인칭, 복수일 때는 문장 앞에 Do를, 3인칭 단수 주어일 때는 Does를 사용합니다. 이때, 주어 뒤에는 반드시 동사원형을 씁니다.

보기와 같이 문장을 바꿔 쓰세요.

1. [Do you like to play with clay?]
   여러분은 찰흙을 가지고 노는 것을 좋아하나요?

2. [Does he draw pictures?]
   그는 그림을 그리나요?

Summary

주어진 단어를 이용해 빈칸을 채워 본문을 요약하세요.

창조하다 / 조립하기 / 예술가 / 상상력 / 예술

Playing with clay, drawing pictures, and building with blocks are acts of creating art. People who create art are called artists. Imagination is very important for all artists.

찰흙을 가지고 노는 것, 그림을 그리는 것, 그리고 블록을 <u>조립하는</u> 것은 예술을 <u>창조하는</u> 행위입니다. 예술을 <u>창조하는</u> 사람들은 <u>예술가</u>라고 불립니다. <u>상상력</u>은 모든 예술가들에게 매우 중요합니다.

Workbook   별책 p.18

A 그림에 알맞은 단어를 골라 쓰세요.

1. imagination   2. clay   3. paint

4. statue   5. sculptor   6. draw

B 그림을 보고 알맞은 단어에 동그라미 하세요.

1. 그는 그림을 그리고 있습니다.   [ⓑ]

2. 그녀는 예술가입니다.   [ⓐ]

3. 그는 조각상을 만들고 있습니다.   [ⓑ]

4. 그녀는 예술 작품을 만들고 있습니다.   [ⓐ]

p.128

| 본문 해석 | **색**

세상은 색깔들로 활기가 넘칩니다. 여러분은 색깔 이름을 몇 개나 말할 수 있나요? 빨간색, 파란색, 하얀색—그밖에 어떤 색들이 있나요? 색깔은 우리에게 여러 느낌을 줄 수 있습니다. 빨간색, 주황색, 그리고 노란색 같은 색깔은 우리에게 불꽃이나 태양을 생각나게 할 수 있습니다. 파란색과 녹색 같은 색깔은 우리에게 시원한 바다나 그늘진 잔디를 생각나게 할 수 있습니다.

| 정답 |

Comprehension Checkup Ⓐ **1.** b **2.** a **3.** c **4.** c Ⓑ **1.** T **2.** F

Vocabulary Focus Ⓐ **1.** c **2.** a **3.** d **4.** b

                 Ⓑ **1.** alive **2.** feelings **3.** make **4.** lawn

Grammar Focus   **1.** like **2.** like **3.** like

Summary   feelings / yellow / flames / green / ocean

| 삽화 말풍선 문장 | p.128

① 파란색은 시원한 바다를 생각나게 해.

② 여러 가지 색깔은 사람들에게 여러 감정을 줄 수 있어.

| Vocabulary | p.129

• alive 형 활기 넘치는, 살아 있는

• name 동 이름을 대다

• feeling 명 느낌, 감정

• flame 명 불꽃, 불길

• shady 형 그늘진

• lawn 명 잔디

| Reading Focus | p.129

• 몇 가지 색깔의 이름을 말할 수 있나요?

• 어떤 색깔들이 불꽃을 생각나게 하나요?

| 본문 그림 자료 | p.130

• blue ocean 푸른 바다

• red flame 붉은 불꽃

| 문제 정답 및 해석 | p.131

Comprehension Checkup

Ⓐ **가장 알맞은 답을 고르세요.**

1. 본문은 주로 무엇에 관한 글입니까?   [b]

    a. 색의 이름을 대는 것

    b. 색에서 받는 느낌

    c. 태양과 바다를 느끼는 것

2. 어떤 색이 불꽃을 생각나게 할 수 있습니까?   [a]

    a. 빨간색

    b. 초록색

    c. 보라색

3. 파란색으로 된 것을 보면 무엇이 생각납니까?   [c]

    a. 태양

    b. 딸기

    c. 시원한 바다

4. 본문에서 무엇을 추론할 수 있습니까?   [c]

    a. 파란색은 주황색보다 더 찾기 쉽습니다.

    b. 셀 수 없을 정도로 많은 색들이 있습니다.

c. 많은 사람들은 빨간색으로부터 따뜻함을 느낍니다.

B 맞는 문장은 T를, 맞지 않는 문장은 F를 고르세요.

1. 색깔은 우리에게 여러 느낌을 줄 수 있습니다.　　　[T]

2. 주황색은 그늘진 잔디를 생각나게 합니다.　　　[F]

Vocabulary Focus

A 다음 단어를 알맞은 뜻과 연결하세요.

1. 활기 넘치는 ---- **c.** 에너지, 행복감 등이 가득찬

2. 불꽃 ---- **a.** 뜨겁고 밝게 타오르는 기체

3. 그늘진 ---- **d.** 태양으로부터 가려진

4. 느낌 ---- **b.** 우리가 가지는 감정

B 다음 빈칸에 알맞은 단어를 고르세요.

느낌 / 잔디 / 활기 넘치는 / ～하게 하다

1. 세상은 색깔들로 활기가 넘칩니다.　　　[alive]

2. 색깔은 우리에게 여러 느낌을 줄 수 있습니다.　　[feelings]

3. 빨간색, 주황색, 노란색은 우리에게 불꽃을 생각나게 할 수 있습니다.　　　[make]

4. 초록색은 우리에게 그늘진 잔디를 생각나게 할 수 있습니다.
　　　[lawn]

Grammar Focus

전치사 like

like + 명사: (명사)와 같은

전치사는 명사 앞에 쓰입니다. 즉, 전치사 뒤에는 반드시 명사가 옵니다. 혼동되는 전치사 중에 like가 있는데, like가 동사로도 쓰이기 때문입니다. 동사 like는 '좋아하다'의 뜻이지만, 전치사 like는 '～와 같은, ～처럼'의 의미를 나타냅니다.

I like you. 나는 너를 좋아해.

I like boys **like** you. 나는 너희 같은 아이들을 좋아해.

알맞은 단어를 고르세요.

1. 빨간색, 주황색, 그리고 노란색 같은 색깔은 우리가 불꽃이나 태양을 생각하게 할 수 있습니다.　　[like]

2. 파란색과 녹색 같은 색깔은 우리가 시원한 바다나 그늘진 잔디밭을 생각하게 할 수 있습니다.　　[like]

3. 음악은 사람들이 노래하고 피아노 같은 악기로 연주하는 것입니다.　　　[like]

Summary

주어진 단어를 이용해 빈칸을 채워 본문을 요약하세요.

노란색 / 느낌 / 바다 / 불꽃 / 초록색

Colors can give us some feelings. Red, orange, and yellow can make us think of flames or the sun. Blue and green can make us think of an ocean or a lawn.

색깔은 우리에게 느낌을 줄 수 있습니다. 빨간색, 주황색, 그리고 노란색은 우리에게 불꽃이나 태양을 생각나게 할 수 있습니다. 파란색과 초록색은 우리에게 바다나 잔디밭을 생각나게 합니다.

Workbook　　　별책 p.19

A 그림에 알맞은 단어를 골라 쓰세요.

1. alive　　**2.** lawn　　**3.** flame

4. name　　**5.** feeling　　**6.** shady

B 그림을 보고 알맞은 단어에 동그라미 하세요.

1. 무지개 색깔의 모든 이름을 말해 보세요.　　[ⓐ]

2. 이것은 촛불의 불꽃입니다.　　　[ⓐ]

3. 그들은 잔디에서 놀고 있습니다.　　　[ⓐ]

4. 그녀는 그늘진 곳에서 쉬고 있습니다.　　[ⓑ]

p.134

| 본문 해석 | **숫자 세기**

숫자를 셀 때, 어떤 한 숫자 뒤에 오는 숫자는 항상 1이 더 많습니다. 6개의 사과를 가지고 있는데 1개를 더 얻게 된다면, 7개의 사과를 가지게 될 것입니다.

숫자를 셀 때, 어떤 한 숫자 앞에 오는 숫자는 항상 1이 더 적습니다.

5개의 연필을 가지고 있는데 1개를 줘버린다면, 4개의 연필이 남게 될 것입니다.

| 정답 |

Comprehension Checkup Ⓐ **1.** a **2.** c **3.** a **4.** b Ⓑ **1.** F **2.** F

Vocabulary Focus Ⓐ **1.** b **2.** a **3.** d **4.** c

　　　　　　　　　　Ⓑ **1.** after **2.** more **3.** before **4.** left

Grammar Focus **1.** away **2.** away **3.** away

Summary counting / always / more / before / less

| 삽화 말풍선 문장 | p.134

① 어떤 숫자의 뒤에 오는 숫자는 1이 더 많아.

② 콘아이스크림 5개가 있었는데 3개가 팔렸어. 지금은 2개가 남았어.

| Vocabulary | p.135

• count 통 (수를) 세다

• after 전 ~ 뒤에

• always 부 항상, 언제나

• more 형 더 많은 명 더 많은 수

• before 전 ~ 앞에, ~ 전에

• less 형 더 적은 명 더 적은 수

• give away 줘버리다

• left 형 남겨진

| Reading Focus | p.135

• 'one more(하나 더 많은)'은 무엇을 의미하나요?

• 'one less(하나 더 적은)'은 무엇을 의미하나요?

| 본문 그림 자료 | p.136

• addition 덧셈

• subtraction 뺄셈

| 문제 정답 및 해석 | p.137

Comprehension Checkup

Ⓐ 가장 알맞은 답을 고르세요.

1. 본문은 주로 무엇에 관한 글입니까? [a]
　　a. 하나 더 많은 것과 하나 더 적은 것
　　b. 사과와 연필
　　c. 4부터 7까지 숫자 세기

2. 4 뒤에 오는 숫자는 무엇입니까? [c]
　　a. 3
　　b. 2
　　c. 5

3. 7 앞에 오는 숫자는 무엇입니까? [a]
　　a. 6
　　b. 8
　　c. 9

4. 8 뒤에는 무슨 숫자가 옵니까? [b]
   a. 7
   b. 9
   c. 10

B 맞는 문장은 T를, 맞지 않는 문장은 F를 고르세요.
1. 10 뒤에 오는 숫자는 9입니다. [F]
2. 연필 3자루를 가지고 있는데 1자루를 줘버린다면,
   연필 4자루가 남습니다. [F]

Vocabulary Focus

A 다음 단어를 알맞은 뜻과 연결하세요.

1. (수를) 세다 ---- b. 순서대로 숫자를 말하다
2. 더 많은 ---- a. 더 큰 정도의 특성을 가진
3. 더 적은 ---- d. 더 작은 정도의 특성을 가진
4. 줘버리다 ---- c. 누군가에게 무엇을 주다

B 다음 빈칸에 알맞은 단어를 고르세요.

더 많은 / 남겨진 / ~ 뒤에 / ~ 앞에

1. 어떤 숫자 뒤에 오는 숫자는 항상 1이 더 많습니다. [after]
2. 만약 당신에게 6개의 사과가 있는데 1개를 더 얻는다면, 7개의
   사과를 가지게 될 것입니다. [more]
3. 어떤 숫자 앞에 오는 숫자는 항상 1이 더 적습니다. [before]
4. 만약 당신에게 연필 5자루가 있는데 1자루를 줘버린다면, 연필
   4자루가 남게 될 것입니다. [left]

Grammar Focus

부사 away

away는 부사로, '떨어져', '이 자리에 없어서', '눈에서 사라져', '다른 곳으로 가버려' 등의 의미가 있습니다.
throw away: 버리다
look away: 시선을 피하다

go away: 눈앞에서 사라지다
give away: 누구한테 주어 버리다

알맞은 단어를 고르세요.
1. 5개의 연필을 가지고 있는데 1개를 줘버린다면, 4개의 연필이
   남게 될 것입니다. [away]
2. 쓰레기를 갖다 버리세요. [away]
3. 저리 가세요. 혼자 있게 해주세요. [away]

Summary

주어진 단어를 이용해 빈칸을 채워 본문을 요약하세요.

더 적은 / ~ 앞에 / 항상 / 더 많은 / 수를 세기

In counting, the number that comes after another
number is always 1 more. The number that comes
before another number is always 1 less.

숫자를 셀 때, 어떤 한 숫자 뒤에 오는 숫자는 항상 1이 더 많습니다. 어떤 한 숫자 앞에 오는 숫자는 항상 1이 더 적습니다.

Workbook   별책 p. 20

A 그림에 알맞은 단어를 골라 쓰세요.
1. after   **2.** before   **3.** give away
4. more   **5.** less   **6.** count

B 그림을 보고 알맞은 단어에 동그라미 하세요.
1. 그의 집은 항상 깨끗합니다. [ⓑ]
2. 그들은 방과 후에 축구를 합니다. [ⓐ]
3. 그는 수를 세고 있습니다. [ⓑ]
4. 접시에 쿠키 하나가 남겨져 있습니다. [ⓐ]

p.140

| 본문 해석 | **덧셈**

덧셈은 숫자들을 합하는 것을 의미합니다.

유리잔에 두 송이의 꽃이 있습니다. 세 송이의 꽃을 더 따서 유리잔에 넣습니다. 몇 송이의 꽃이 유리잔에 있나요? 우리는 이 문제를 2+3＝5라고 적습니다. 이것은 '2 더하기 3은 5와 같다'라고도 적을 수 있습니다. '+' 기호는 당신이 덧셈을 하고 있다는 것을 보여 줍니다.

| 정답 |

Comprehension Checkup Ⓐ **1.** b **2.** a **3.** c **4.** b Ⓑ **1.** T **2.** F

Vocabulary Focus Ⓐ **1.** a **2.** c **3.** b **4.** d

Ⓑ **1.** Addition **2.** glass **3.** equals **4.** adding

Grammar Focus **1.** How many **2.** How many **3.** How much

Summary numbers / written / plus / equals / adding

| 삽화 말풍선 문장 | p.140

① 돼지 저금통에 동전 5개가 있어. 동전 3개를 더 넣으면, 8개가 돼.

② 덧셈은 숫자들을 합하는 거야.

| Vocabulary | p.141

- addition 몡 덧셈, 더하기
- put together 합하다
- glass 몡 유리잔, 컵
- pick 동 따다, 꺾다
- problem 몡 문제
- plus 젠 ~을 더하여
- equal 동 (수량 등이) 같다
- add 동 더하다

| Reading Focus | p.141

- 더하기로 어떻게 5를 만들 수 있나요?
- 5 더하기 3은 무엇인가요?

| 본문 그림 자료 | p.142

- plus ~을 더하여
- equals 같다

| 문제 정답 및 해석 | p.143

Comprehension Checkup

Ⓐ **가장 알맞은 답을 고르세요.**

1. 본문은 주로 무엇에 관한 글입니까? [b]

    a. 숫자를 세는 방법

    b. 덧셈을 하고 글로 적는 방법

    c. 동전으로 덧셈을 하는 방법

2. 숫자를 합치는 것을 무엇이라고 부릅니까? [a]

    a. 더하기

    b. 숫자 세기

    c. 빼기

3. 다음 중 무엇이 10과 같습니까? [c]

    a. 3+6

    b. 4+7

    c. 2+8

4. 주머니에 3개의 동전을 가지고 있습니다. 4개의 동전을 더 주머니에 넣었습니다. 몇 개의 동전을 가지고 있습니까?

    a. 1개 [b]

b. 7개

c. 12개

Ⓑ 맞는 문장은 T를, 맞지 않는 문장은 F를 고르세요.

1. 숫자를 합하는 것은 덧셈이라고 불립니다. [T]

2. '+' 기호는 숫자를 세는 행동을 보여 줍니다. [F]

Vocabulary Focus

Ⓐ 다음 단어를 알맞은 뜻과 연결하세요.

1. 컵, 유리잔 ---- a. 딱딱하고 투명한 물질로 만들어진 용기

2. ~을 더하여 ---- c. 하나의 숫자가 또 다른 숫자에 더해질 때

3. 같다 ---- b. 정확히 똑같다

4. 따다 ---- d. 채집하기 위해 식물로부터 꽃이나 열매를 잘라내다

Ⓑ 다음 빈칸에 알맞은 단어를 고르세요.

유리잔 / 같다 / 덧셈을 하고 있는 / 덧셈

1. 덧셈은 숫자를 합하는 것을 의미합니다. [Addition]

2. 유리잔 안에 꽃 두 송이가 있습니다. [glass]

3. 그것은 글로 표현될 수 있습니다: 2 더하기 3은 5와 같다. [equals]

4. '+' 기호는 당신이 덧셈을 하고 있다는 것을 보여 줍니다. [adding]

Grammar Focus

how many와 how much

How many + 셀 수 있는 명사 ~?: 몇 개의 ~?

How much + 셀 수 없는 명사 ~?: 얼마나 많은 ~?

수나 양이 얼마나 되는지 물을 때는 how many/much를 사용합니다. 셀 수 있는 명사의 개수에 대해 물을 때는 how many를 쓰고, 셀 수 없는 명사의 양에 대해 물을 때는 how much를 씁니다.

알맞은 단어를 고르세요.

1. 몇 송이의 꽃이 유리잔에 있나요? [How many]

2. 당신은 몇 가지 색깔의 이름을 말할 수 있나요? [How many]

3. 당신은 얼마나 많은 우유가 필요한가요? [How much]

Summary

주어진 단어를 이용해 빈칸을 채워 본문을 요약하세요.

덧셈을 하고 있는 / 숫자 / ~을 더하여 / 같다 / 쓰여진

Addition means putting numbers together. When we write 2+3=5, it can be written: Two plus three equals five. The + sign shows that you are adding.

덧셈은 숫자를 함께 합하는 것을 의미합니다. 우리가 2+3=5라고 쓰면, 그것은 이렇게 쓰여질 수 있습니다: 2 더하기 3은 5와 같다. '+' 기호는 당신이 덧셈을 하고 있다는 것을 보여 줍니다.

Workbook 별책 p.21

Ⓐ 그림에 알맞은 단어를 골라 쓰세요.

1. pick **2.** glass **3.** plus

4. equal **5.** addition **6.** problem

Ⓑ 그림을 보고 알맞은 단어에 동그라미 하세요.

1. 답을 알기 위해 숫자들을 합하세요. [ⓑ]

2. 그는 문제를 풀고 있습니다. [ⓐ]

3. 유리잔에 주스가 가득 차 있습니다. [ⓐ]

4. 이 기호는 더하고 있다는 것을 보여줍니다. [ⓐ]

p.146

| 정답 |

Review Vocabulary Test /

Ⓐ **1.** equal / 같다   **2.** feeling / 느낌   **3.** alive / 활기 넘치는   **4.** less / 더 적은

Ⓑ **1.** adding   **2.** create   **3.** think   **4.** before

Ⓒ **1.**
                g   l   a   **s**   s

  2.
              c   o   u   n   **t**

  3.
                    p   **a**   i   n   t

  4.
  i   m   a   g   i   n   a   **t**   i   o   n

  5.
                    p   l   **u**   s

  6.
              f   l   a   m   **e**

➜ statue

Review Grammar Test

Ⓐ **1.** away   **2.** want   **3.** many   **4.** like

Ⓑ **1.** Do you like to draw pictures?

  2. If you have 5 pencils and you give 1 away, you will have 4 pencils left.

  3. Some colors like red and orange can make us think of flames.

Review Vocabulary Test

Ⓐ 알맞은 단어와 우리말 뜻을 쓰세요.

1. 정확히 똑같다 [equal / 같다]
2. 우리가 가지는 감정 [feeling / 느낌]
3. 에너지, 행복감 등이 가득 찬 [alive / 활기 넘치는]
4. 더 작은 정도의 특성을 가진 [less / 더 적은]

Ⓑ 다음 빈칸에 알맞은 단어를 고르세요.

～ 앞에 / 덧셈을 하고 있는 / 생각하다 / 창조하다

1. '+' 기호는 당신이 덧셈을 하고 있다는 것을 보여 줍니다.
[adding]
2. 예술을 창조하는 사람들은 예술가라고 불립니다. [create]
3. 파란색은 우리에게 시원한 바다를 생각나게 할 수 있습니다.
[think]
4. 어떤 숫자 앞에 오는 숫자는 항상 1이 더 적습니다.
[before]

Ⓒ 단어를 완성하고, 질문에 답하세요.

1. 딱딱하고 투명한 물질로 만들어진 용기 [glass]
2. 순서대로 숫자를 말하다 [count]
3. 물감을 이용하여 그림을 그리다 [paint]
4. 머릿속에 그림이나 아이디어를 구상하는 능력
[imagination]
5. 하나의 숫자가 또 다른 숫자에 더해질 때 [plus]
6. 뜨겁고 밝게 타오르는 기체 [flame]

색 상자 안의 단어는 무엇인가요?

➡ [statue(조각상)]

Review Grammar Test

Ⓐ 알맞은 단어를 고르세요.

1. 빈 캔들을 버리세요. [away]
2. 그가 그곳에 가고 싶어 하나요? [want]
3. 테이블 위에 얼마나 많은 책이 있나요? [many]
4. 음악은 사람들이 노래하고 피아노 같은 악기로 연주하는 것입니다. [like]

Ⓑ 밑줄 친 부분을 바르게 고친 다음 문장을 다시 쓰세요.

1. [Do you like to draw pictures?]
당신은 그림 그리는 것을 좋아하나요?
2. [If you have 5 pencils and you give 1 away, you will have 4 pencils left.]
당신이 연필 5자루를 가지고 있는데 1자루를 줘버린다면, 4자루의 연필이 남게 될 것입니다.
3. [Some colors like red and orange can make us think of flames.]
빨간색과 주황색 같은 색깔들은 우리에게 불꽃을 생각나게 할 수 있습니다.

미국교과서 READING Level 3 권별 리딩 주제

1권
3.1

1. Geography
2. Plants
3. Animals
4. Plants
5. Geography
6. Earth's Water
7. Families
8. Homes
9. Transportation
10. Communities
11. Economics
12. Jobs
13. Aesop's Fable
14. Aesop's Fable
15. Music Around Us
16. Folk Music
17. Art and Artists
18. Colors
19. Counting
20. Addition

2권
3.2

1. Astronomy
2. Astronomy
3. Birds
4. Insect Biology
5. Fish Biology
6. The Human
7. Economics
8. History of Tools
9. Asia
10. Europe
11. Africa
12. North America
13. Aesop's Fable
14. Aesop's Fable
15. Classical Music
16. Jazz Music
17. Color Sorting
18 Analyzing Art
19. Addition
20. Number Comparison

3권
3.3

1. Animals
2. The Nature of Science
3. The Role and Impact of Scientists
4. Great Scientists
5. Great Scientists
6. Inventions
7. South America
8. Antarctica
9. Australia
10. European Exploration
11. The Pilgrims
12. Slavery
13. Aesop's Fable
14. Classic Story
15. Melody and Rhythm
16. Enjoying Music
17. Appreciating Art
18. Analyzing Art
19. Subtraction
20. The Difference

길벗스쿨 공식 카페, <기적의 공부방>에서 함께 공부해요!

기적의 학습단

홈스쿨링 응원 프로젝트! 학습단에 참여하여 공부 습관도 기르고 칭찬 선물도 받으세요!

도서 서평단

길벗스쿨의 책을 가장 먼저 체험하고, 기획에도 직접 참여해 보세요.

알찬 학습 팁

엄마표 학습 노하우를 나누며 우리 아이 맞춤 학습법을 함께 찾아요.

<기적의 공부방> https://cafe.naver.com/gilbutschool